掌握成功最神奇的24堂課

查爾斯·哈奈爾(Charles F. Haanel) ◎著　成星瑤 ◎譯

序

思想的創造力，一旦被我們理解透徹，就能發揮出驚人的力量，但如果沒有勤奮和專注，再偉大的力量也無從得到發揮。

我們可能會發現，和自然界其他規律一樣，我們的精神世界也有著自身的規律。要想獲得改變一切的偉大力量，前提是了解並遵循這些規律。通過反觀我們的內心，就可以知道我們為何平庸、懦弱。如果我們義無反顧地投入到自己的內心世界中，就會獲得不可思議的動力，我們將擁有足夠的力量去成就一番偉大的事業。

「種瓜得瓜，種豆得豆」，這一規律適用於所有的人，它永不止息地運行，不講情面地嚴格按照每個人的期待回報他們。如今，「凡有果，必有因」的道理已深入人心。因此，人們如果想要實現自己的夢想和抱負，就需要為這一願望創造出它所必需的條件。

全世界正處於新舊交替的歷史性時刻，精神資源的開發顯得越來越重要。奮發向上的精神力量和意識來源於我們的內心，是一種全新的對於內心的認識。舊的世紀，人類取得了輝煌的物質進步，而新的世紀，將給精神、心靈力量帶來最重大的進步。

物理學家們已經把物質從分子、原子分解到量子，在科學家安布羅斯·佛萊明看來，最重要的事情就是如何把能量分解為精神。他說：「能量，就其根本而言，只有當它呈現為人們口中所說的『精神』或『意志』而直接運轉時，才可以被我們所理解。」

只要有想法，一定會導致生命機體某種組織的物理反應，如大腦、神經、肌肉等，從而引起肌體組織結構客觀性質上的改變。可以說，**思考可以使人的身體組織發生根本性的改變，同樣，思考也會使人的生活發生根本性的變化**。

如果你能真正理解本書中的內容並去實踐，不久後就會發現，你翹首以待的黎明即將來臨。

目錄

C·O·N·T·E·N·T·S

00:00～01:00

第1堂課

感知內在世界的力量

一切力量皆來源於內在世界，而且能夠處於你的掌控之下。它來自於對自身準確的認知，來自於有指導的主動實踐。發現自己，運用自己，改造自己，乃是實現任何目標的關鍵。

世間萬物，對於擁有內在力量並可以控制這種力量的人來說，都是能被改變的。你不用刻意去獲取它，便擁有了它。但必須去認知它，去理解它，去運用它，這樣，你才能勇敢前行，義無反顧。

終有一日，當你背上行囊，奔赴遠方，執著熱情，心中的夢想漸漸清晰，內心的感悟與閱歷倍增，到那時你會發現：世界充滿的是生命，是愛，是美。顯然，感悟是貫穿始終的，是一種永不止息的思考。而深入領悟的人，為新的光芒所照亮，更大的力量與信心在前方閃閃發光。你也會認識到，你的希望和夢想，正在悄然變為現實。生命無比輝煌的意義從此得到彰顯。

精彩繼續

1 在現實生活中，「多者愈多」非常普遍；同樣，「損者愈損」也很常見。

2 心智是可塑造的。外在環境和人生際遇，都會導致我們心智的改變。反過來又能影響外在條件。

3 我們的想法，左右著我們的心態。我們是否有成就或財富，全部源自於我們的思維方式。

4 我們不能擁有自己認為具備不了的力量。獲得力量的有效途徑就是感受力量的存在，而力量全部來源於我們的內心。

5 我們的內心的確存在著一個感覺、思想和力量的世界。它是如此光鮮，如此美麗，強大有力但卻無形無影。

6 內在世界是由我們的精神所統治。如果我們努力從旁觀者的角度觀察這個世界，就能夠理出清晰的思路及其結果的動因。內心世界的規律和力量也由我們自身所控制。

7 內在世界是外在世界的本源，外在世界是內在世界的延伸。內在世界中我們可以尋覓到無窮的智慧和能量，這些智慧和能量又在外在世界中得以顯現。

8 內在世界的和諧，意味著外在世界的健康發展。內在世界的和諧也是一種自我控制的能力，控制我們的思考和心態的方向，從而引起外在世界的根本性改變。

9 假如從內心世界能夠找到智慧，並認識到這種智慧的可貴，便能激發潛藏的能量在精神上獲得這種智慧，同時能夠在外在世界中運用彰顯這些潛能的能力。

10 內在世界是客觀的、實際的，並不僅僅是停留在想的階段，而無法產生出實際的能力。它能夠催發出人的主觀能動性，激發出人的力量、勇氣、信心。借助它，我們就會擁有把夢想變成現實的能力。

11 不管是在內在世界還是外在世界，都不僅僅是一個從無到有的過程，更是一個逐步展開的過程。內在世界在展開的同時，也就意味著外在世界相應擁有。

12 財富，皆以認知為基礎。得到的只不過是認知累積的結果，失去的只不過是認知渙散的結果。

13 凡能獲得力量的人，總是可以與自然法則和諧共處，以此把客觀心智與外在世界連結在一起。大腦是產生客觀心智的器官，而個體生命之間又因此相互區別。

14 當我們的客觀心智正常地思維時，感官知覺將產生和諧而愉悅的感覺。我們正是通過客觀的心智，將信心、活力以及一切積極性的能量注入我們的身體，不過客觀的心智也可能會給我們帶來諸如憂傷、病患、困苦等諸多不利因素。

15 通過潛意識可以與內在世界、宇宙精神取得聯繫，從而與宇宙中無限的積極的力量合而為一。

16 人類生命的奧秘，在於人類自身與外部環境、條件的協調。有了這方面的思考，我們才能夠使客觀心智和外在力量自覺積極地協作，使主觀和客觀和諧統一，而不是受單方面的因素影響。

17 每個人內心的意念本質上並沒有什麼區別。人類僅僅是宇宙精神的傳遞管道而已。宇宙精神始終客觀存在，也是萬事萬物的基本準則。它與個體的生命相互彰顯、互為呈現。

18 想法是由心智本身具有的一種靜態能量所生。想法是一個動態的過程，源於心智，生機勃勃。當我們有想法產生時，就容易被它所擁有的特性所推動。

19 對內在世界進行掌控，能夠使你與無所不能的宇宙法則協作彰顯，而這一法則乃是萬事萬物的根基。

20 一切力量皆源於內在世界。萬事萬物都是這永恆法則的活生生例證，而以前的錯誤，都緣於我們只從外在世界中尋找徒具形式的力量或能量。內在世界是孕育一切的泉源，外在世界則是噴濺而出的泉水。我們的能力取決於我們對這一萬物源泉的認知和實踐，我們每個人都以此為起點，懷抱著力量或能量，走向遠方。

21 生命的精彩在於我們有意念、有認知，萬事也因意念、認知而立。意念、認知是一次精神的旅程，旅程中的個體生命與宇宙精神交互影響。旅程的結果將在自己的遭遇中得到彰顯。

22 精神實體和物質實體的海洋將我們裹挾其中。物質實體是直觀的、形象的，而精神實體卻是深不可測的，要靠我們堅持不懈地感悟，才能使其永保生機。不同的精神需求，孕育出不同的生機勃勃的個體生命。

23 這是一種全新的理念，它的價值體現在付諸實踐。實踐中，困難與否可能因人而異，但必須達到對自身的絕對控制。領悟此法則越是透徹，夢想變現實就不再遙遠。

24 本章的練習是：找到一個安靜所在，靜靜地坐好，然後放鬆身心，任自己的思緒馳騁，不受任何限制。堅持地練習下去，就會逐漸地控制住自己的身體。

精粹問答

1 一切成就與財富源於什麼？

源於我們的思維方式。

2 內在世界與外在世界有怎樣的關係？

內在世界是外在世界的本源。外在世界是內在世界的延伸。內在世界中我們可以尋覓到無窮的智慧和能量，這些智慧和能量又在外在世界中得以顯現。

3 客觀心智的雙重性是指什麼？

當我們的客觀心智正常地思維時，感官知覺將產生和諧而愉悅的感覺。我們正是通過客觀心智，將勇氣、活力及一切積極性能量注入我們的身體；客觀心智同時也會給我們的生活帶來諸多的憂傷、疾病、困苦，及各種嘈雜的不協調成分。

❹ 個體生命憑藉什麼與宇宙相連結？

憑藉潛意識與內在世界建立連結，並通過潛意識得以和宇宙精神相連結，從而與宇宙中無限的力量建立起聯繫。

❺ 宇宙精神指的是什麼？

宇宙精神是客觀存在的物質的生命法則，即萬事萬物的生命法則。

❻ 人類生命的奧秘在於什麼？

人類生命的奧秘在於人類自身與外部環境、條件的協調。

❼ 如何實現對內在世界的掌控？

對客觀事物準確的認知，並對正確原則的主動實踐履行。

❽ 個體生命與宇宙精神的關係？

個體生命與宇宙精神交互影響、彰顯、呈現。

01:00～02:00

第2堂課

潛藏的力量

潛意識是實現理想的源泉之一。如果我們有健康、成功的希望，就想辦法加強它，使它成為我們的潛意識。在潛意識的驅動下，能讓我們在無形中獲得一種精神力量，並轉化為行動力量，從而實現夢想。

現實生活中，我們常常因思想的雜亂而對自己一無所知，找尋不到人生的方向。這時清晰的思路和深刻的洞察力應發揮作用，於萬事萬物中發現規律，然後調整自己去適應規律，方能把握人生方向。

思想就是能量。這種能量永恆地駐留在人的身上，不斷創造著，並於特定時刻在人的身上彰顯出來。

精彩繼續

1 內心世界的運行，依靠兩種意識產生，即顯意識和潛意識。

2 潛意識的內在運行是恆定有序的。心智的運轉是我們積累認知的基礎、方式。在認知的基礎上，如果對思維過程進行分解就會發現：唯有潛意識高貴地站立在內心舞臺的中央。正是由於潛意識，達文西畫出〈蒙娜麗莎〉、米開朗基羅刻出〈大衛〉、莎士比亞創作出「四大悲劇」。

3 對於潛意識，我們對其都有依賴性。我們的內心思想無論多麼強大、卓越，我們的成就、功績無論多麼宏大、卓著，源頭都是潛意識。

4 潛意識的價值在於它的豐富性，它有著顯意識無法替代的作用。它支配著無意識的我們和強化了意識的我們。

5 潛意識運行的基本準則是：保障個體生命各個功能的有序進行。不受外在意願的制約，不被外界的紛擾所影響，它始終受內在力量的掌控。

❻顯意識的價值在於通過感官對個體生命的外在客體進行感知，從而獲得認知和意志，對潛意識施加影響，引導精神活動。可以這樣說，顯意識是潛意識的駕馭者，潛意識必須對它負責。

❼顯意識是推理的意志，充當著潛意識守護人的角色。由於潛意識缺乏理性，錯誤的暗示便會氾濫，裹挾著悲傷、憂慮、疾病、矛盾等泥沙俱下。這時，顯意識的理性的盾牌保護潛意識不受侵害就變得尤為重要。

❽另一方面，如果潛意識獲得的情況屬實，那麼行動就會很順利。假如前提錯誤，萬事便將舉步維艱。要防範不利資訊的侵害，必須依賴潛意識的守護者——顯意識。顯意識接受的暗示，可能正確，也可能錯誤。錯誤時，意味著錯綜複雜的環境會使顯意識失去冷靜的判斷力，個體生命就有可能為此付出巨大而沉重的代價。

❾潛意識便是直覺上的感知，過程短暫、稍縱即逝，無需像顯意識那樣慢慢推理，其實也用不著推理。

❿潛意識使我們內心的準則和志向成形。默默地催動著它們，使我們的夢想和現實趨於一致。如果我們學會有限度地信任潛意識，就能找到無窮的有價值的資源。

⓫ 潛意識是在強大的暗示下不斷重複，迫使思維接受，最終形成新的思維習慣的過程中產生出來的。我們反復做某件事，加深了對它的印象，形成一種習慣性的行為，從而不再需要靠判斷力行動，由是形成固有的潛意識。

⓬ 潛意識與宇宙精神是怎樣的關係呢？潛意識是宇宙精神的一部分，宇宙精神和心智都是具有創造力的。當潛意識引導我們的思維，我們就獲得了一種具有創造力的心智，從而與宇宙精神合而為一。

⓭ 我們必須學會控制自己的潛意識。我們意念中的光束隨時進犯我們的精神世界，擁有一把能收束光線的巨傘，也就掌握了自己的人生路途。積極的、奮發向上的意念，定能織就出無比美麗的內在性格和外部環境的花環。

⓮ 潛意識發揮作用的速度非常快。外在環境一旦改變，它便立刻依靠自己的準則做出判斷。我們的行為就是依託著潛意識的準則才得以實施。

⓯ 正確的、積極的潛意識引導著我們的思想、行動、和實現目標的決心，並永久保藏我們生命中刻骨銘心的記憶。

⓰ 從精神的角度來說，潛意識如同一個巨大的倉庫，容納我們從外界獲得的一切

認知、情緒，可以使我們的思維豐富而深刻，並使我們的創造力得到最大的發揮。

17 從心靈的角度來說，潛意識包含著我們的夢想、複雜的經驗和感受。內心力量的發揮依靠它，我們內心與宇宙精神的連接也同樣依託於它。

18 潛意識就如同我們的心臟，永不止息（除非個體消亡）地搏動，從而成為將我們與偉大的自然力量聯繫在一起的能量之源。

19 我們待人接物的方式和對於將來的大膽設想，也依賴於潛意識。潛意識是一種固有的思維模式，已經存儲其中的想法或意識，會隨時因外在環境的改變而被激發出來。待人接物和設想即來自長期習慣的積累。

20 本章的練習是：控制你的思想。選一個安靜之所，靜靜地坐好，然後不斷激發自己的積極思想，想像所有美好的事物，從而控制住思想，消除一切消極的情緒。

精粹問答

❶ 心智運轉依靠的是什麼？

心智的運轉依靠兩種意識產生，即顯意識和潛意識。

❷ 潛意識運行的基本準則是什麼？

保障個體生命各個功能有序進行，不受外在意願的制約，不被外界的紛擾所影響，它始終處於我們永恆的內在力量的掌控之下。

❸ 顯意識的價值是什麼？

其價值在於通過感官對個體生命的外在客體進行感知，從而獲得認知和意志，對潛意識施加影響，引導精神活動。

❹ 潛意識的作用是什麼？

它使我們內心的準則和志向成形，並默默地催動它們，使我們的夢想和現實趨於一致。如果我們學會有限度地信任潛意識，就能找到無窮的有價值的資源。

5 潛意識與宇宙精神有怎樣的關係？

潛意識是宇宙精神的一部分，宇宙精神和心智都是具有創造力的。當潛意識引導我們的思維時，我們就獲得了一種具有創造力的心智，從而與宇宙精神合而為一。

6 潛意識是怎樣產生出來的？

它是在強大的暗示下不斷重複，迫使思維接受，最終形成新的思維習慣的過程中產生出來的。我們反復做某件事，加深了對它的印象，形成一種習慣性的行為。從而不再需要靠判斷力行動，而是形成固有的潛意識。

7 我們待人接物的方式和對於將來的大膽設想依賴於什麼？

潛意識。

8 潛意識為何靠直覺的感知？

因為它過程短暫、稍縱即逝。

02:00～03:00

第3堂課

堅信自身的力量

在浩瀚的星球中人類如此渺小，如沙漠裡的一粒沙，如大海裡的一滴水。人的行為作用於世界，同時受客觀世界的限制及反作用。而我們的思想意識永遠走在我們的行動之前。和偉大的世界一樣，我們的思維意識裡也蘊含著無比豐富的資源。

我們思想意識裡對待生活的態度，決定著我們的生活境況。如果我們連期望都沒有，那我們將真的一無所有。希望愈多，我們得到的可能就愈多。正如我們所知道的，萬事萬物都處在因與果的聯繫之中。思想中的態度就是因，我們的一切生活境遇都是果。因此，我們不要為過往悔恨，因為一切成果取決於我們的態度，取決於我們能不能在現實生活中創造出我們心中描繪的事物。

努力挖掘精神能源，嘗試去了解它，從而開發出自己的潛能，設定明確的目標並堅定不移地朝著它努力。從此我們生命的旅程即使有風雨，也不會再一敗塗地，因為精神力量每時每刻都向我們伸出援手，幫助我們把希望和夢想化為堅定的行動。我們的心智在行動中再次得到強化，從而更深一步投入到行動中。那能使我們找到力量的源泉，且這精神力量將使我們能夠沉著應對生活中的諸多境遇。

精彩繼續

❶ 顯意識發生的器官是「大腦—脊椎」系統，潛意識發生的器官是交感神經系統。我們通過「大腦—脊椎」系統感知外界意識，使其成為獲得認知的管道。「大腦—脊椎」系統同時支配著我們的身體。潛意識即是通過交感神經系統中的太陽神經叢支配著我們的精神行為，支撐著我們自身的生命機能。

❷ 顯意識和潛意識雖然各屬於不同器官，但往往是交互作用的，我們人類自身的神經系統也會有所反應。

❸ 「大腦—脊椎」系統與交感神經系統通過「迷走神經」連接起來，迷走神經作為「大腦—脊椎」系統的一部分，由腦部延伸出來，到達胸腔，迷走神經的分支遍佈在心臟和肺部，與交感神經交叉，從而實現了兩個系統的連接，形成個體生命物質上的完整統一。

❹ 我們的意識是通過顯意識發生的器官「大腦—脊椎」系統從外界接收到的，它

具有邏輯推理能力。當外界的資訊被「大腦—脊椎」系統確定是正確的，它就會被傳送到交感神經系統中的太陽神經叢中，構成我們的思維意識，然後再反作用於外界。之後，它就會深藏在我們的潛意識中，不再受推理論辯的影響。

❺ 太陽神經叢亦被稱作太陽叢，如同天空中的太陽給萬物帶來能量一般，它把我們內在的力量散佈到全身，形成一個工作量巨大的中樞機構。它是我們身體裡的太陽，無比奪目。

❻ 太陽叢的「光線」如果足夠明媚燦爛，個體生命也就擁有了很強的吸引力，即人格、精神層面的魅力，個體生命的光輝能量將影響和帶動周圍的人，平息他們心中的不寧，給他們帶來安慰。

❼ 太陽叢的「光線」如果遭到遮擋，個體生命湧向身體各個部位的生命之流將被迫中斷，人本身終將被疾病和精神上的憂慮所困擾。而「光線」微弱其實就是內在力量的削弱，人的情緒處於低谷狀態，從而導致了個體生命承受源源不斷從外界產生無力抵抗的困擾。

❽ 當我們的身體不能將內在充足的能量傳遞到身體的各個部位，並激發其功能正

常運行時，我們的身體便會出現困擾。當潛意識提供給顯意識的思維能量沒有管道送出，中途被阻塞時，便會引起精神上的困擾。當潛意識和宇宙精神的連接被外在或內在力量切斷時，環境上就會產生困擾。

❾ 太陽神經叢是連接內外在世界的中樞機構。這是個孕育生命力的地方，宇宙的無限化為個體生命的勃勃生機，無形變為有形，原初轉為創造。太陽神經叢產生的能量是氣勢磅礴的。

❿ 太陽神經叢——能量的中心，是無所不能的，因為它是有形生命和無形生命、個體與宇宙的匯合點。顯意識的能量在此得到極大的發揮，潛意識也在思維意識裡逐步加深，化為自覺的行動——服從命令，執行命令。

⓫ 顯意識是通過太陽神經叢由外界獲得的經過推理判斷的思想，一切的生命和能量都因這個連接內外在世界的中樞而煥發生機。經過推理判斷的顯意識的品質決定著我們思維客觀上的品質，最終影響我們的人生際遇。

⓬ 我們要想方設法積聚內在的能量，以太陽的方式輻射出去，以從容的心態應對人生的坎坷際遇，並把一切不順當作人生必修的課程。

⑬令人愉悅的意識能使太陽神經叢不斷擴張，厭煩的意識則會遮蔽它的光芒。我們自身的一切情緒和思維，都會產生與之相應的狀態。徹底摧毀消極的敵人是刻不容緩的任務，這個敵人猶如遮蔽陽光的陰霾，使太陽的光芒暗淡。而太陽神經叢的一個主要敵人便是恐懼。

⑭恐懼是源於我們心中的惡魔，如被它所攝，我們將形如槁木，做任何事都畏縮不前。恐懼任何人、任何事，甚至恐懼時間。只有當恐懼的陰霾被風吹散，陽光才能在你我心中驚現，我們也才能牢牢把握住力量和生命的源泉。

⑮為什麼會產生恐懼呢？因為我們暫時還對自己沒有信心。當我們擁有了真正的力量，並確信我們能夠戰勝一切不利因素時，恐懼就不再可怕。這時，恐懼會如潮水般退去，使我們再次獲得戰勝一切的信心和確知擁有力量的偉大。

⑯我們思想意識裡對待生活的態度，決定著我們的生活境況。如果我們連期望都沒有，我們將真的一無所有。希望愈多，我們得到的可能就愈多，有期望才會有所收穫。世界並非冷酷無情，只是我們把許多思想、意識深埋在黑暗的陰霾之中，連日陰雨，不見天光。

17 確信自己擁有一顆太陽的人，如同真正的太陽一般，無時無刻不在釋放著光和熱、釋放著自己的力量、信心、無堅不摧的意志，且無視困難、恐懼，將一切阻礙輕鬆跨過。他們以從容的心態注視著自己的成功，即使有小小的坎坷，也將無往而不利。

18 時刻堅信自己擁有無窮的力量，當我們能認識到這一點，就會自覺地向外界釋放健康、力量與和諧，不再驚慌、恐懼，對前途充滿希望。

19 我們要把獲得的意識付諸實踐，梳理出更為理性的知識，以使我們知識的頭腦越來越客觀、冷靜、成熟。

20 每個人來到這個世上，都是帶著自己的使命感而來的。有的人虔誠於宗教，就可以喚醒內心裡的神秘力量；有的人對物理學情有獨鍾，就可以激發太陽神經叢的活力；有的人偏愛嚴謹的科學，就可以發揮潛意識的作用。

21 潛意識如同一條小河，映照兩岸顯意識的一切，並做出強烈的回應。要想使潛意識發揮出期望的功效，最為簡單的方法會是什麼呢？答案是我們的內心。關注我們的目標，形成深深的意念，加強它，使它成為我們的深層潛意識。在潛意識的驅動下，無形中你能獲得一種精神力量，並將其轉化為行動力量。

㉒我們內心的創造性能量是無限的，它不受任何框架及既有範式的束縛。

㉓潛意識是構成宇宙精神的一部分，是體現宇宙精神的管道。宇宙精神是整個宇宙得以創造的根本推動力。潛意識和宇宙精神在內質上是合而為一的，因此，宇宙與個體通過相互作用各自實現。

㉔潛意識對顯意識的意願會做出反應，這意味著宇宙精神無限的創造性能量是在人類個體顯意識的掌控之中。我們不必為如何實現它而困擾，只須在心中默默告訴自己需要的是什麼。我們無限的能力就知道如何去做！

㉕不管是潛意識還是顯意識，不能一直處於高負荷運轉狀態。適時放鬆不僅能消除緊張，還能有事半功倍之效。緊張、疲憊會導致身體和精神狀況衰頹，甚至生出惡劣情緒。所以放鬆是很有必要的，它可使生命體永保生機，萬事遊刃有餘地進行。

㉖潛意識可以把不準確的、不確定的事物轉變為精準的、確定的事物。我們必須理順因果關係，並最大程度去調動「因」的作用，然後我們所期望的「果」便會逐步實現。

㉗本章的心靈訓練是：希望你的心不僅能夠靜默下來，不再胡思亂想，而且不管

是身體還是精神上都要放鬆下來，從精神中驅逐一切壓力、憂慮、恐懼，達到一種平心靜氣的狀態。身體、精神的放鬆是一次意志的練習，控制了自身，便控制了世界，世界如血液般在身體中暢通、酣暢運行。練習要徹底，從精神上嚴格要求自己，放鬆身心，努力做到天人合一的境界。

精粹問答

❶ 顯意識、潛意識發生的器官各自是什麼？

「大腦—脊椎」系統和交感神經系統。

❷ 「大腦—脊椎」系統和交感神經系統依靠什麼連接起來？

二者通過「迷走神經」連接起來。

❸ 連接內外在世界的中樞系統及有形生命和無形生命、個體與宇宙的匯合點是什麼？

皆為太陽神經叢。

4 適時地放鬆有什麼意義？

適時地放鬆不僅能消除緊張，還能做到事半功倍。緊張、疲憊會導致身體和精神狀況衰頹，甚至生出惡劣情緒。所以放鬆是很有必要的，可使生命體永保生機，萬事遊刃有餘地進行。

5 怎樣消除恐懼？

當我們擁有了真正的力量，並確信能戰勝一切不利因素時，恐懼就不再可怕。當恐懼如潮水般退去，我們就能再次獲得戰勝一切的信心和確知擁有力量的偉大。

6 時刻堅信自己擁有無窮的力量有怎樣的意義？

當我們能認識到這一點，就會自覺地向外界釋放健康、力量與和諧，不再驚慌、恐懼，對前途充滿希望。

第4堂課

思考的力量

萬事因果相循，有因必有果。只重視「果」，就犯了捨本逐末的錯誤。個體生命的「思」就是能量，是我們行動的「因」，但它卻常常被忽視或被誤解，僅僅被囿於「果」的一隅。

你的想法、做法和感受，能夠切實反映你的性格。例如，做決定時無所畏懼就是果斷勇敢的人，猶豫不決的人則是膽小怕事、缺乏魄力的人。因此，宗教中有上帝與魔鬼，科學中有真理與謬誤，哲學中有真實與虛偽。

本書則迥然不同，我們不僅僅關注「因」的一面，更始終關注使個體生命獲得健康、和諧、富足，以及對我們的福祉和快樂而言必不可少的所有原質性事物。

生命需要和諧而富有建設性地表達自己，一切消極因素都應努力去消滅。消除不利因素時需要跨過重重障礙，思想得到強化、淨化的人，從不擔心有害思想的侵擾，深刻理解財富法則的人必將獲得裨益。無論厄運或幸運盡皆掌握，我們就如同掌管船隻的舵手，開動火車的司機員，獲得一切都將輕而易舉。

精彩繼續

❶「自我」不僅僅是我們的軀體，也指我們的心智。身體是「自我」執行任務的一種工具；心智則是思考、推理、策劃的另一種工具。

❷當我們意識到「自我」的特質，便有可能獲得一種全新的力量。它引領我們控制和決定自己的身體和心智，使我們懂得如何去做、怎樣去做。

❸「自我」的人格是由無數個性、癖好、習慣和性格等構成的，那些皆是我們過去思維方式的產物，與「自我」並沒有本質上的關聯。這個「自我」的真實本質是精神上的本質，是真正的力量之源。當我們能意識到它的真實本質，這種力量就會降臨到我們身上。

❹「自我」被賦予的最偉大、最神奇的力量，就是思想的力量，然而我們很少有人能夠正確地思考，我們的境況因此變得不同。如果我們的思想僅僅停留在自私的層面上，那麼我們會發現失敗的萌芽就潛藏在自私的想法之中。

5 每個人都不應該與他人敵對，任何一種利益的獲得，都是以承認整體利益為基礎的。利用他人的無知、懦弱而使自己得益，終將使自身受到傷害。

6 世事紛紛擾擾，我們必須把注意力集中到自己的興趣及目標上去，才不會在盲目的選擇中耗盡時間。必須打消一切不切實際的想法，毫不猶豫地勇往直前。

7 一分耕耘，一分收穫。為了增強我們的意志、感知我們的力量，堅信「我想即我是，我想即我為」。「自我」的真正內涵就在不斷地自我暗示下得以揭示，我們要努力使其成為我們生命的一部分，進而形成一種習慣。

8 決定去做了就不要半途而廢，要堅持不懈。從心理學中我們可以得知，如果我們已經著手去做某事卻不能堅持到底，或是已經做出決定卻徘徊不前，那麼我們就會漸漸養成失敗的習慣。因此，如果已經做出決定就不要受外界因素的干擾，只管努力去實現它，即使不成功也會有所收穫，也就不會形成失敗的惡性循環。

9 一花一世界，一葉一菩提。從最小的事情、我們能掌握且具有建設性、能夠不斷努力的事情開始，在一點一滴中逐步實現對自己的自我控制。我們將從他人的懊惱中發現，小事之中同樣暗藏玄機，戰勝自己有時比戰勝一個國家更困難。

10 當我們戰勝了自己，我們會發現我們的內在世界征服了外在世界，我們也就獲得了戰無不勝的意志力。此時的我們無須過多努力，做任何事都會很順暢。

11 我們的內在世界被「自我」所控制，但一切皆從屬於無限宇宙的「自我」，即為宇宙精神。這並非是為了樹立某種觀點才提出的一種陳腐的理論，而是已經被優秀的宗教、科學的思想、理念確證過的事實。

12 赫伯特．斯彭德曾說：「在我們周遭的所有神秘中，最使人信服的是：我們始終處於萬物的包圍之中，始終為萬物的能量所統攝，我們身在其中卻不斷地生存著。」萊曼．艾博特曾在一次致辭中說：「我們應該信服的上帝，是存在於我們內心的上帝，而非高高在上控制著我們的上帝。」

13 宗教與科學的著眼點不同：科學發現了永恆常在的能量，宗教卻挖掘出這能量背後的神秘力量，並把它深入人們心中。但這並不新鮮，《聖經》中早已說過：「豈不知神的殿堂雖廣大堂皇，神的靈卻只永恆寓居你的心嗎？」這就是「內在世界」偉大而神奇的創造力的奧秘所在。

14 我們是被賦予無限能量的個體生命，克己忘我並不意味著成功，必須有獲得的過程，才能逐步地實現自己。擁有能量的我們，不能把力量僅僅為自身所用，也應有所給予，對他人有所幫助。這也就要求我們一點一滴地積蓄能量，正所謂：有所取，必有予。

15 我們給予的能量越多，我們獲得的能量就越多。作為傳遞宇宙精神和能量的途徑的個體生命，我們置身於宇宙那不斷釋放能量的永恆狀態之中，如果能夠找尋到最好的釋放途徑，我們將為人類的福祉做出更多的貢獻。

16 如果我們一生只是忙忙碌碌為自己的目標而生存，宇宙精神便很難在我們身上傳遞力量。放鬆身心，使一切都安靜下來，找尋內心最熱切的渴望，在內心的世界裡與宇宙精神合而為一，讓自己的精神詩意地棲居在無邊的宇宙世界裡。知道了內心所需，便把握住了機遇，也就意味著找到了傳遞宇宙精神和能量的途徑。

17 事件、場景產生於頭腦中，所有的一切可能都是宇宙精神傳遞給我們的。萬物的本質和靈魂皆是精神，萬物的精神是客觀存在的，它便是生命的靈魂。精神的失去，也就意味著生命的枯萎、消逝，一切也就不復存在了。

18 精神屬於我們的內心世界，它活躍在我們的內心。活躍在我們內心這偉大的精神作用於外界的環境和境況，形成因果互動。內心的精神是「因」，我們的內心就是創造者，在浩瀚的宇宙裡辛勤耕耘，帶著高貴、崇高的使命感勇往直前。

⓳不管何種性質的過度操勞，都會造成思維遲鈍、精神倦怠，實現意識力量的工作就會停滯不前。我們應當適時地使我們的心寧靜下來，然後進行卓有成效地思考，從我們疲憊的心裡發覺出生命的奧秘。

⓴思考呈現的狀態是運動的，它的成形與釋放遵循著宇宙精神的規律。思考是我們的生命之流，源源不斷地賦予我們生命的活力，是我們內心永不枯竭的生命之泉。

㉑心中的激情可以讓思考成形，喚醒激情便是找到生命中的興奮點，如此，我們的思考便有了著力點，最終就會較為順暢地實現我們的意圖。

㉒如何才能獲得信念、勇氣與知覺呢？那就是思維訓練。如同身體力量的獲得是通過鍛鍊一樣，精神力量需要的訓練是思維訓練。持續反復地思考，使之成為一種習慣，並上升為一種精神意志。最終的目的就是化為積極而正確的行動。

㉓本章的心靈訓練是：學習精神的放鬆。無論在任何時代，我們都是我們內心世界的主人，自己命運的主宰。不受外界的干擾、奴役，便是心靈的永恆追求。我們是我們內心殿堂裡的王。

24 本章的學習：還是需要完全徹底地放鬆，消除一切內心的緊張，排除精神裡的一切消極因素，如憤懣、悲傷、絕望等。儘管這很難，但只要我們從精神上下定決心，然後努力堅持下去，一切便迎刃而解。如果我們一時無法做到，原因可能是我們的智慧還沒有戰勝情感。智慧戰勝情感需要一個循序漸進的過程，成功與否在於我們是否堅持。隨著逐步勝利，不良情緒漸漸消除，行動意志轉為上風，我們的生命終將唱響愉悅的生命樂章。

精粹問答

1 「自我」的人格由哪些因素組成？

由數不清的個性、癖好、習慣和性格等構成。

2 如何才能獲得信念、勇氣與知覺？

通過思維訓練。

3 萬物的本質和靈魂是什麼？

內在的精神。

❹放鬆身心的意義有哪些？

放鬆身心，使一切都安靜下來，找尋內心最熱切的渴望，在內心的世界裡與宇宙精神合而為一，使自己的內心詩意地棲居在無邊的宇宙世界裡。知道了內心所需，便把握住了機遇，也就意味著找到了傳遞宇宙精神和能量的途徑。

❺操勞過度的害處有哪些？

不管何種性質的操勞過度，都會造成思維遲鈍、精神倦怠，實現意識力量的工作就會停滯不前。

❻思考的意義何在？

思考是我們的生命之流，源源不斷地賦予我們生命的活力，是我們內心永不枯竭的生命之泉。

❼排除一切消極因素一時無法做到的原因是什麼？

可能在於我們的智慧還沒有戰勝情感。智慧戰勝情感需要一個循序漸進的過程，成功與否在於我們是否堅持。

04:00～05:00

第5堂課

構築力量的精神家園

通過本章的學習，我們會知道，思想的產生都是心智在行為中發生作用的結果。思想具有創造性能量，無論何時，有創造力的思想都會使時代發生質的飛躍，而思想卓越者也將功成名就。

思想的表達是通過外在世界得以成形的，與此同時，思想是不能憑空捏造的，需要遵循宇宙法則。思想為宇宙力量提供助力，並釋放宇宙的能量。思想在我們外在的行動中彰顯出來，繼而作用於我們周圍的環境，最終滲透到我們整個的生存環境。

個體生命能夠創造思想，思想卻可以實現我們願意實現的一切。二者相互依賴，交互成長。

精彩繼續

1. 個體生命的精神生活中，潛意識是起主導作用的，至少佔有百分之九十。而那些因忽略了自身主觀能動性而不懂得利用這種精神能量的人，他們的生命力量將受到極大的限制。

2. 潛意識能夠為我們解決許多困難和問題，但如何引導它至關重要。潛意識如同我們的心臟，每分每秒都在搏動，不眠不休（除非人身消亡）。該如何去引導呢？

3. 精神遍佈我們身體的各個角落，易受引導或影響。引導或影響可能來自內心世界的思維或意念，也可能來自外在世界。

4. 遍佈我們身體中的精神，有些是與生俱來的，是我們的祖先在親身經歷的坎坷中呈現出的生命能量的體現。懂得了這一點，我們身上暴露出的性格缺陷就會被內心的精神力量擊退，進而提升自己的能力。

5. 我們內心的精神並不僅僅是與生俱來的，也是外在環境影響的結果。外部發生的各類事件，都會深深作用於我們的內心。他人的經驗也可能影響我們的意識，當然也不能缺乏我們自身的思考。我們的心靈就如同深邃的海洋，容納吞吐一切，也淘洗一切。

6 創造、再生人類的方式和本質是思考。今日之我的成形，緣於昔日之我的深沉思考，而今日之我也必將為明日之我塑形。所有的改變在於我們自身的思考，一切皆是思想的產物。

7 我們從生活經驗中會發現，為了建造住所，我們往往縝密計畫，謹小慎微地去實現。挑選上好的建築材料，注重每個細節。與此相比，我們建造精神家園時是何等的粗心大意啊！然而內心家園的重要性遠非前者所能比，我們的大意揮霍，將使我們的生命之城一點一點瓦解，腐朽。我們要注重生命材料的品質，杜絕消極怠工，以次充好。

8 何為生命的材質？其實就是外界因素施加於我們意識的反映。如果這些意識是消極的、負面的，那便意味著生命材質是易朽的，生命之城便存在崩塌的危險。

9 但如果我們抱定勇敢、積極、樂觀的信念，摒除一切消極的想法，久而久之，生命的材質便會越來越趨於上乘，建造的家園就會變得固若金湯。我們精神的大後方已無後顧之憂，那麼前面的急流險灘又何足懼呢？

⑩以上的道理簡單明瞭，構建精神家園，生命材質必須優良，而構築起的家園又必須精心打掃，清除出殘渣碎屑，保持家園的乾淨常新。結束精神家園的清潔工作後，我們便可用餘下的力量去實現夢想了。

⑪讓我們大膽地試想一下，良田萬頃等待領取，此田園有枝繁葉茂的樹木，清澈的河流，綠油油的莊稼，美不勝收，並建有一座華麗殿堂，奇珍異寶、多不勝數，繼承人可輕鬆繼承，唯一的責任是：不可使田園荒廢，否則繼承權將被剝奪。

⑫在內心的精神家園裡，我們每個人都擁有一處莊園。我們便是繼承人，要用辛勤的汗水換取田園的五穀豐登，繁榮和諧。滴落的汗水只不過是被奴役的精神狀態，牢牢握住手中的魔杖，使精神家園綻放五彩霞光。

⑬得到這筆豐厚的財產，並非難於上青天，只須三步走：熱切而真誠地渴望，相信自己的權力，必然佔有的雄心。

⑭我們對自然科學中的遺傳學應該比較熟悉，例如達爾文、赫胥黎、海克爾等生物學家，他們通過科學考察、試驗等方式證明了：在生物進化演變的進程中，遺傳起了決定性的作用。遺傳因素使我們人類的身體得以直立行走，各個器官的功能得以運轉，

當然還包括精神的遺傳。這些方面構成了遺傳的總體。

15 還有一種遺傳是連偉大的生物學家也無法解釋的，超越了通常人們研究和想像的範圍，科學的、理論的闡述也難以將其界定。

16 這種遺傳是融匯於內心世界裡的生命能量，進入其中需要我們的感官意識。在個體生命的神聖祭壇上，它最高貴，於舞臺中央巍然屹立。

17 這種無限的生命能量在我們的體內任意流淌，而河床就是我們自身。進入神聖之門的關鍵在於我們的感官意識，感受自身、感受茫茫無邊的外界，使潛藏的能量得以做最大限度的發揮。

18 有一個事實我們不能忽視：一切生命和一切能量皆由內在世界孕育而生。外在的世界為我們提供機遇、需求，而發現這些的觀察力、判斷力，全部來自於我們的內心世界。

19 當然，我們的洞察力、判斷力等並非完全客觀，難免會不夠周全，這時就需要我們運用感官意識來增加認知，獲取知識，以打造固若金湯的堡壘。

20 獲得這筆豐厚財產的人定會迎來新生，擁有了非凡的勇氣和信心，便意味著恐懼、驚慌、懦弱將被一掃而光。我們的意識因新生的光而被重新喚醒，帶著不可限量的力量勇敢前行。

21 只有付出並使用這種內心力量才能擁有它，它不可能自己就飛速地運轉起來。我們是傳遞宇宙力量的載體，內心的能量如果不能如河流般奔騰便會成為死水。在現實生活中我們會發現：一分耕耘，一分收穫。我們努力付出越多，獲得的就越多。要想讓身體變強壯必須苦練，要想積累一定的財產，必須有資金的投入。

22 同樣，商人如果不出售商品就不會有利潤；公司如果沒有高效的服務就會失去顧客；律師如果做不到有效地辯護，就不會受到客戶的青睞。同理，如果我們本身擁有能量卻不釋放，就如同沒有。我們必須對已有的能量加以發掘和利用，使之為我們所用。精神的失去，便意味著我們將一無所有。

23 我們一旦發覺內心力量的強大，就會獲得呈現心靈、精神的能力，從而實現自己的目標。

24 財富是在我們心靈的力量和對金錢意識交互作用後累積的結果。牢牢握住手中的魔杖，運用正確的意識，實施妥善的計畫，從而在實施的過程中獲得切實的快樂，收穫幸福感，感悟出人生的價值。

㉕本章的學習同樣需要一個安靜的所在。幻想自己置身於一個如詩如畫、美輪美奐的地方，一開始，我們可能沉醉於迷人的風景中，找尋不到心中熱切的渴望，但通過堅持及反復，我們一定會做到的，相信自己！

精粹問答

❶在個體生命的精神生活中起主導作用的是什麼？

潛意識。

❷創造、再生我們自身的方式和本質是什麼？

思考。

❸何為生命的材質？

外界因素施加於我們意識的反映。

❹獲得精神家園需要哪三步走？

熱切而真誠地渴望，相信自己的權力，必然佔有的雄心。

❺不被科學的、理論的闡述所能界定的遺傳是什麼？

生命的能量。

❻為什麼有的人不懂得利用精神能量？

他們忽略了自身的主觀能動性。

❼遍佈我們身體中的精神易受哪些因素的引導或影響？

可能受來自內心世界的思維或意念的引導或影響，也可能受到來自外在世界因素的引導或影響。

第6堂課

集中意念的力量

思想能量的發揮需要意念集中，渙散的思維只會事倍功半，使能量的作用受到限制。本章將使你獲得一種改變人生境況的神奇機制。需求產生動力，動力導致行動，行動促成獲得。這種機制如同宇宙的進化，循序漸進。隨著我們能量的不斷增長，我們的每一天將不同於每一天，每一天都將是新的。

眾所周知，我們一旦侵犯了他人的權利，就會被社會的道德所羈絆，成為前進道路上的絆腳石。因此我們應該懂得：我們的行為或成功應該是以高尚的道德情操為基礎的，努力為最多的人爭取到最多的利益。

我們要實現夢想，堅定目標、堅持執著、和諧的社會和人際關係，都是不可或缺的。成功的最大敵人來源於我們自己，如果我們抱有錯誤的、固執的觀念。

維持內心世界的平衡與和諧，如同音樂的樂章，每一樂章的主題必須是和諧統一的，這樣才能與宇宙精神合而為一。智慧的獲得也是同樣的道理，需要接收者與傳遞者內心及行動的統一。

蘊含創造力的思想是心智的產物。神奇的宇宙不可能改變自身以適應我們，而是我們與宇宙的和諧相處，精神上的合而為一。只有在承認這一點後，我們才有資格去宇宙中獲取我們內心所渴求的，從而達到自己的目標，實現有價值的人生。

精彩繼續

1 宇宙及宇宙精神無比神奇，神秘莫測。充盈著巨大的能量，能夠把不可能變為可能。

2 眾所周知，精神世界並非虛無，它是客觀存在。既然如此，精神世界的形態是如何呈現和分化的呢？我們希冀的結果又應該怎樣實現呢？

3 當有人向電學專家詢問電的功效時，他會說：「電的形式是動態的，而功效決定於它的運動形態。」因為運動形態的關係，我們便擁有了光、熱、電、音樂等為人類所用的人間奇蹟。

4 思想的功效是怎樣的呢？答案無疑就是：我們的思想就如同空氣的運動——風一樣，飄揚翻動。思考機制導致思想的結果在一定範圍內浮動不休。

5 這就可以說明：我們內心的精神能量發揮與否，決定於我們的思維機制。

6 那麼，思維機制是什麼？我們知道一些電學方面的天才，例如愛迪生、貝爾、馬可尼等，他們創造了奇蹟，破除了時間、空間、地點等外在世界的限制，成就了偉大的事業。其實我們和發現宇宙神秘力量的發明家一樣，內心也蘊含著無窮的力量。思維的機制如果賦予我們，我們也同樣能夠改造世界。

❼使用一種器械前，我們常常習慣性地了解一下機械的原理，以便能夠操作，例如駕駛汽車前，我們總是試圖了解一下汽車的操作方法。與此相反，我們卻總是漠視人類所特有的生命機制——存在我們大腦中的思維機制。

❽思維機制創造的奇蹟不可勝數，成果萬千，原因卻是具有同一性的。領悟了它，我們便有了無數的可能。

❾我們內心存在著一個巨大的精神世界，我們於其中棲居繁衍。精神世界擁有無窮無盡的能量，無時無處不在，我們內心的渴望來源於其中，並使之實現。我們內心的渴望即是目標或信念，它與存在法則和諧統一。信念強大才可生發出果敢的行動，正所謂：你的信念有多大，力量就有多大。

❿思維過程是個人與宇宙交互作用的結果，而我們的大腦是思維得以運行和起作用的客觀媒介。精神的偉大神奇之處在於：如果你喜愛音樂、文學，你便會在其中流連

忘返，與古代或近現代的聖賢、名士神交，產生共鳴。一切歸功於你的大腦，是它為你營造出宇宙事實的輪廓，然後通過思維來溝通或有或無的世界。

⓫人類的大腦是一座寶庫，能夠釋放無窮無盡的能量。大腦呈胚胎結構，能夠滿足一切苛刻的要求，塑成任意的形狀。一旦我們確信這一點，也就意味著我們已接觸到自然界中最神奇的法則之一，領略到孕育一切生命的生命力和偉大機制。

⓬神經系統如同電路，也存在著一個蓄電池，即產生源源不斷能量的地方。神經纖維就好像絕緣電線，內心的渴求和意願便像電流一樣在其中自在流淌。

⓭大腦接收和傳遞資訊是由脊髓來完成的，另外，伴隨著脈搏的躍動，我們體內的血液會不斷給予我們力量，還有我們的皮膚，將我們整個身體覆蓋，賜予我們美麗的軀殼，一切賦予我們美好的架構、機制，便完整而完美地運行其間。

⓮我們可以把它命名為「永生之神殿」，我們可以成為神殿之主，但這需要我們對其深深地認知和領悟，如此方能掌管好這座殿宇。

⓯思想具有的能量能夠賦予腦細胞助力。起初，腦細胞中的相應物質不會對這種想法做出回應，但假如意念集中到令這種腦細胞中的物質屈服的程度，想法就會被訴諸

實施，得以表達。

16 心靈的影響力能夠滲透身體內的任何部位，並能跨越一切負面的障礙。

17 一旦我們在內心領悟、掌握了精神世界的法則，並把其運用到商業中，終會產生不可限量的能量，創造奇蹟。除此之外，它還可以提高我們的洞察力，使我們能夠在面對紛雜事物時，自如地做出明確的判斷。

18 注重內心世界的人，不會輕易地被外在事物所羈絆，時刻擁有一種戰無不勝的信心，這最終會促使他的生命旅程充滿美好的景象，閃耀無比明亮。

19 在人類的發展歷程中，集中意念與專注思考顯得尤為重要。一旦我們集中精神、意念，將會煥發出不可思議的能量。每個渴望成功的人，都須知集中意念的益處，以集中意念將內心的夢想實現。

20 集中意念就好比手握放大鏡，能收聚太陽光線，獲得熱量。放大鏡來回晃動，光線不能夠集中，便無法獲得熱量，但如果將其拿穩，光線就會集中，就能獲得神奇的能量了。

21 思想的能量亦然。如果我們的思維渙散，浮想聯翩，思想就無法集中，我們便不會從思維裡獲得能量，但如果集中意念，堅持不懈，定會有所收穫。

㉒有的人可能會對此嗤之以鼻，認為集中精神似乎不能做到一切。其中不容忽視的事實是，目標的明確性和持久性需要經過反復的檢驗，才能化為有價值的行動。如果沒經過深思熟慮就選擇了目標，將使我們遠離目標。選擇目標不是空泛之論，而應是堅定而果敢的行為。

㉓集中意念，我們一定能夠克服前進路上的重重阻礙，這是理所當然的。但是如果我們從中摸索出訣竅，我們便會輕鬆上陣，戰無不勝。

㉔置身於紛雜世界裡的人們，總喜歡嘗試體驗一種隱士的生活，以便遠離塵世的喧囂與躁動。在清新的氛圍中，培養一種安靜思考、努力實現自我的心態。

㉕我們或許不會像領袖菁英那樣有巨大的成就，但如果我們效仿他們的思維方式，也定會有所成就。

㉖機遇偏愛有準備的人。我們的內心應該存在一種成功的心靈模式，面對一切，都能夠做出快速而準確的反應，奇妙的金點子或許便由此產生。

㉗我們要與宇宙精神維持內在的統一和諧，並在此基礎上與萬物保持一致，從而

掌握思維運作的機制和法則，實現自己的人生價值。

28 從事情的點點滴滴中我們會發現，我們內在精神上的進步影響著我們外在環境和生活境遇的改變。認知上的進步會使我們的行動富有熱情，擁有一定的洞察力。

29 個體生命是宇宙精神的傳遞管道，無論它多麼微小，都擁有無限的能量，我們所能獲得的進步也是不可止歇的。

30 我們要牢記一點：思想是攝取並呈現精神能量的思維過程，是我們意識當中尤為可貴的一部分。本章所介紹的方法，就是為了使我們認知這一基本原理，並努力做到這一點，從而打開通往宇宙真理之門。

31 我們人生的苦難僅有兩種：軀體上的疼痛和精神上的折磨。如果追根溯源，將會發現這些都是我們違背自然原則的結果。因何會違背呢？原因在於我們知識方面的局限性。在這個新時代裡，我們要拋棄知識的不完備，更多地獲取新鮮而正確的資訊，作為自己的知識儲備。從最基本的認知開始改變自己吧！

32 本章的練習是：能夠很快學會集中意念的能力。取出一張照片，仔細觀察它，照片中人物的眼神、表情，長相、衣著打扮，髮型裝飾等，都一一仔細觀察。儘量查看照片中人物的每個細節，最好能觀察10分鐘以上。然後，翻過照片，閉上眼睛，通過印象在頭腦中恢復照片中人物的細節，越清晰越好。這個練習主要是為了讓我們能夠使自己心靈的情緒、態度和意識盡在自己的掌握之中，從而改變自己，提高自己。

精粹問答

❶ 思想能量的發揮依靠的是什麼？

集中意念。

❷ 思想的功效是怎樣的？

我們的思想就如同空氣的運動——風——一樣，飄揚翻動。思考機制導致思想的結果在一定範圍內浮動不休。

❸ 我們內心的精神能量發揮與否由什麼決定？

思維的機制。

❹ **實現思維活動的器官是什麼？**

大腦。

❺ **怎樣的情況會導致我們無法從思維裡獲得能量？**

如果我們思維渙散，浮想聯翩，思想就無法集中，我們便不能從思維裡獲得能量。

❻ **思想是什麼？**

是攝取並呈現精神能量的思維過程，是我們意識當中尤為可貴的一部分。

❼ **思想與心智的關係是什麼？**

蘊含創造力的思想是心智的產物。

❽ **我們人生的苦難有哪兩種？**

軀體上的疼痛和精神上的折磨。

06:00～07:00

第7堂課

「視覺化」的力量

有時候我們為了完成一件事，首先在腦海裡畫一張精神的草圖，按照草圖仔細思量，果敢地去實行，草圖便會逐漸在現實中顯現。這是我們人類所特有的能量，我們憑藉這種不可見的能量，創造了萬物，創造了奇蹟。

我們人類既有有形的一面，又有無形的一面，可說是有形實體與主觀精神的合成體。外界環境包圍之中的我們是物質的、有形的，可以通過由身體、大腦和神經等構成的感官進行感知；主觀精神是無形的、非實體的，潛藏在我們的意識之中。

人類的形體是有生命的，有意識的，屬於人類的顯意識範疇，擁有意志力和辨別能力，並且能夠在解決許多問題時具有判斷力。與此不同的是，非實體的精神，蘊含在內心深處，屬於潛意識的範疇。它無法脫離實體而存在，但卻是一切力量的源泉，無窮無盡的精神寶庫。像一位運籌帷幄的將軍，決勝於千里之外，內心的精神如風般無形卻無處不在，賦予萬物以生命張揚的形象。

本章將就這種神奇的力量進行科學闡述，只要我們懷著一顆理解、讚賞的心，我們就有可能獲得這一神奇的能量。仔細地詳讀吧！

精彩繼續

❶認知自身的目標，並通過潛意識於心中勾畫一幅精神圖景，應儘量認真仔細，切不可視為兒戲，不應帶有盲目性，要完全符合內心的想法。

❷精神圖景越具體越清晰越好，不要受任何人事物的限制，當然也無須考慮成本，因為唯一的成本是時間。然後按照它積聚自己的力量，在現實中使其一步步成形。

❸這幅圖景要輪廓清晰地深埋在心中，堅持不懈地努力去實現它，使之生根發芽，每向它前進一步，便意味著結下一顆果實。逐步去實現它，不可操之過急，要腳踏實地，終會發現精神圖景裡果實纍纍。

❹然而不幸的是：精神圖景僅僅存在於心中，不去描繪，任其荒蕪。這時就需要我們付出努力，不怕艱辛。

❺構想的完整性。無論我們打算構建什麼工程，都要依靠明晰的計畫實施，按部就班，且目標堅定、持久。建築師打算建造一座大廈，他必先描畫好每個細節；工程師

打算挖掘一條溝渠，他必先勾畫好它的路線及深度。

❻ 我們要知道最終的目標是什麼。這樣做可以使我們避免偏頗，造成盲目。這就要求我們描畫的圖景要目標明確。比如播種，在種子種下之前我們就會知道最終將收穫什麼，收穫即是我們的目標，如果目標不明確，就要考慮清楚。我們描繪精神圖景時常常首先是宏大的整體勾畫，逐漸使其細部明晰，顯現出輪廓，進而表達出最終的意圖。隨著能力不斷增長，逐漸使心中描畫的圖景成形，成功達陣。

❼ 關鍵的一步是「視覺化」。此時我們將有可能看到比較完整的、如在眼前的畫面，欠缺的只是對一些細節的勾勒。圖像越清晰，影像越立體，成功也就越近。

❽ 眾所周知，物質先於意識。當我們意識到宇宙時，宇宙早已存在。我們的意識也同此理，即在意識發揮作用時意識早已存在了。意識同時具有可塑性，而我們的思想、想法，就是一個個現成的模具。

❾ 發明家尼古拉泰斯拉創造了諸多令人稱奇的神話。他總是在實際實施前構思出即將實現的圖景，使其視覺化。在頭腦中不斷地改進它，而不急於具體地去實施。他曾就此說道：「運用此方法，使我的想法得以確立，並不需要接觸任何現實中的配件。盡

力在思維裡改造它，完善它，當我認為它沒有任何缺失的時候就化思成形。成型的產品總是與我所預想的相同，這些年來皆是如此。」

⑩ 如果我們有意識地、堅定地朝著某一方向發展，它會逐漸發展成為信念。我們將展現出自信，自信中帶有毅力和力量。集中意念，掃除一切雜念，把意識集中在與目標相關的事物上。

⑪ 我們可從中發現這樣一條規律：思想能夠呈現出來，在思維裡意識到自己終將不俗的人，才能從動力及行為上獲得一定的優勢，並較早地實現目標。

⑫ 我們越是在頭腦中一次次地重複、修繕它，它會變得越清晰，而我們每一次修繕，都將使圖像更加視覺化。我們要在內心裡堅守它，直到它成形。在內心的精神世界中，同樣需要建構圖像的材質，並保證材料的品質上乘。

⑬ 內心精神世界中的這種材料，是由幾百萬辛勤勞作的精神建築工人創造的，正是它們才促成了我們的精神圖景，這些隨時待命的精神建築工人其實就是腦細胞。人類哪怕最微小的思考，它們都會忙得不得了，在身體內它們是最勤勞的。

⑭ 我們當中的許多人，從來不知自身所擁有的力量，總想依靠外在的力量，其實

一切偉大的力量都蘊藏在我們的內心。轉回我們的內心吧，內心將指引你獲得無限的能量。

⑮ 一幅明晰的、具體的精神願景擺在我們面前，緊緊抓住它，意識中便會冒出方法來營造它。誠信的意願將產生自信的構想，從而發展成堅定的渴望。誠信的意願為知覺，自信的構想為想法，而堅定的渴望為意志，三者交互作用，彼此加強。

⑯ 在我們的實際生活中，我們總是失去對「因」探詢的勇氣和耐心，而只是和「果」打交道，只看到「果」的輝煌，被它的光芒所遮蔽，只希冀得到金錢、權力、地位等，大夢何時才能醒？

⑰ 而那些不只和外部世界打交道的人，他們注重的是發現真理、獲得智慧，而真理、智慧就向他們敞開懷抱，最終為他們所用，為他們營造出順暢而和諧的外在環境。

⑱ 讓我們暫時忘記外在的世界，專注於內心。內心的藍圖燦爛美好，內在世界的改變都必將投影到外在的客觀世界。內在世界的豐盈主宰著一切，關注我們想要的，摒棄我們不想要的。

⑲ 我們做一些事情時總是表現得過於憂慮、擔心，以致影響事情的有序發展，這

和我們缺乏強大的信心及內心急躁有關。如同種下一粒種子，總是急切地盼望它成長，而這時我們的行為便帶有了盲目性。

⑳ 種下的種子固然需要我們呵護，但不應該是干擾，適度才是明智之舉。我們只有擁有了一顆開放而明智的內心，才能在做事中不失偏頗，生活的大門才能真正為我們打開，好運也才會因此而生。

㉑ 意志力是組成我們行動的必備因素，行動也就擁有了震撼人心的魄力；而意志力要為我們所用，聽從我們的命令，便離不開內心和軀體上的辛勞。

㉒ 思想是熾熱燃燒的火焰，正因它燃燒產出的蒸氣，才推動了改變外界事物的車輪，而我們在生活中的所有境遇全取決於此。

㉓ 本章的練習是：把一位你熟悉的人的外在形象在內心裡加以視覺化，到他的形象完整清晰地出現在你的腦海為止。努力注重每個細節，哪怕是最細小的！

精粹問答

❶ 什麼是視覺化？

就是描繪精神圖景的過程。

❷ 認識到最終目標有什麼意義？

可以使我們避免偏頗，造成盲目性。

❸ 行動的必備要素是什麼？

意志力。

❹ 意願、構想、渴望三者之間的關係是什麼？

誠信的意願將產生自信的構想，從而發展成堅定的渴望。誠信的意願為知覺，自信的構想為想法，而堅定的渴望為意志，三者交互作用，彼此加強。

❺ 建設精神圖景的材料有哪些？

幾百萬辛勤勞作的精神建築工人提供了建設精神圖景的材料，這些隨時待命的精神建築工人其實就是腦細胞。

❻ 非實體的精神指的是什麼？

指蘊含在內心深處，屬於潛意識的範疇。它無法脫離實體而存在，但卻是一切力量的源泉，是無窮無盡的精神寶庫。

❼ 有形實體指的是什麼？

外界環境包圍之中的我們是物質的、有形的，可以通過由身體、大腦和神經等構成的感官進行感知。

❽ 意志力要為我們所利用必須具備什麼？

內心和軀體上的辛勞。

07:00～08:00

第8堂課

思想即為行動之力

如果我們在外在世界中有所行動的話，一定是受思想的指引。思想如果是積極、健康、富有遠見的，那麼產生的結局一定是分外美好；如果是消極、被動、短淺的，則結局一定是令人失望。

通過本章的學習可以得知：我們思考的方向完全由我們自己掌握，但結果是有規律性的。

外在世界雖然紛繁複雜，但通過認知總會發現其內在穩定的規律，且這個規律正是我們所要尋求的，它反映了我們本質上需求的東西。如果沒有這個規律，宇宙世界似乎還處於混沌狀態。

而我們內心的規律來源於我們的思想，幸與不幸是我們行為後產生的結果。思想貫穿始終，它的重要性我們可以通過愛默生和卡萊爾的生活方式得以了解。

愛默生熱愛所有美好的事物，所以他的生活安寧、閒適，猶如一首美麗的詩；卡萊爾憎惡一切骯髒的事物，所以他的生活充滿抱怨、憤慨，猶如憤怒的豹子。然而他倆樹立的是共同的理想，為了理想，他們採取了不同的思維方式。愛默生選擇了積極而富有遠見的思維，最終使他與自然和諧；卡萊爾則是消極被動的思維，最終使他被無盡的煩惱所折磨。

因此，我們切不可消極被動，因為這是具有破壞性的思維，最終將一無所獲，並且還會煩惱纏身。

精彩繼續

❶ 我們的思想總是與其他類似的思想結合到一起，這其中包含了一個非常關鍵的原則——宇宙創造原則。

2 如我們所知，個體生命的目標之一就是成長，且我們總是不惜一切朝著這個方向努力。成長目標的實現，必是以相關思想成形為基礎的。

3 我們可以選擇自己的思維習慣，但必須想到想法付諸實施以後的結果如何。一切積極樂觀的思維產生的結果，必然對自身及他人是有益處的。因此努力摒除思維意識裡的不利因素，樹立正確的意識顯得尤為重要。

4 誠然，做到這一點並不容易。思維方式是很難確立的，我們容易受慣性思維的主導，而慣性思維屬於潛意識，是很難更改過來的。我們要把改變思維作為一種慣性，時時刻刻要求去改變它，逐漸形成潛意識，從而戰勝思維裡具有破壞性的意識，同時培養分析每個想法的習慣，無論是簡單的還是複雜的。

5 如果我們的想法是消極的，苛待他人的，就會為我們招致禍端。這時需要我們樹立一種適應環境，營造和諧環境的思維模式，才不會使我們備感孤獨。

6 想像力對我們來說是非常重要的。豐富的想像力可以看成是思想的翅膀，它帶領著思想，飛越無數險灘或荒丘。想像力可以避免許多細節上的麻煩，能夠在頭腦中積極營造理想家園，跨越藩籬。

7 我們可以做一個形象的比喻，假如我們的夢想是一件衣服，那麼想像力就為我們構思這件衣服的款式、長短、顏色等，而我們的心靈則將這個構想賦予形狀。

8 想像力具有可塑性，它通過感知外在事物來獲得內在世界所需。想像力是富有建設性的思想形態，它是我們行動的先頭部隊。建築工人如果想建造房屋，必須觀看設計師的構建藍圖，而設計師的藍圖是其內心想像力的傑作。

9 許多事物的產生需要依靠人類的思想才得以完成，而思想起作用卻總是借助想像力的運用。想像力也是需要培養的，它不能一蹴而就。

10 有一點必須要謹記：想像力與幻想或白日夢是兩回事，不要弄混。幻想或白日夢多是我們的胡思亂想，不帶有相對的客觀性。耽於幻想會具有一定的危害性。

11 我們的思考或想像其實都屬於精神方面的勞動，同樣需要有艱辛的付出。即使勞累，我們也應該想到，人類中的精神勞動者獲得的回報是最豐厚的，這是體力勞動者所不能及的。

12 如果我們意識到「心靈是創造一切的源泉」這一宇宙真理的話，可能就會感知出精神的無所不在。試著去運用我們自身的精神力量，與偉大的宇宙精神合而為一吧！

我們將由此感受到前進道路上的每一片光明。

13 接下來，至關重要的是我們要擁有一顆海納百川的心靈，能夠吸納一切積極、健康、有益的想法。一切能量皆來源於我們的內心，內心想法、態度的更正離不開外在的世界，這就需要我們本著學習的態度，融合他人的長處，切不可做心胸狹隘、故步自封的人。

14 我們內心占主導地位的精神狀態，包含著我們的習慣、性格等隱秘信息，而這一切都會通過外在環境及人生境遇回饋給我們。這樣的精神狀態是不會被一時半刻的思索、一場開心的電影或一部怡人的書籍所改變的。神秘的引力法則總是準確無誤地獲悉我們的習慣、性格，然後使我們處於難以改變的精神狀態中。

15 如果一個人的心態在一天中長時間處於消極狀態，不可能僅憑短短幾分鐘就能將積極的想法灌輸給他，從而改變他的精神狀態。

16 一切的能量來源於我們的內心，我們能夠使用的能量皆來源於內心，然後通過肢體，形成行動。並不是所有能量天生就能被我們擁有，有些能量需要我們的檢驗、認同，並通過意志力將其賦予我們，與我們的內心合而為一，才能真正獲得。

17 日常生活中，我們大都希望健康長壽，從而錯誤地認為：只要勤於鍛煉、食用健康食品就能長命百歲。這樣的理解並不全面，必須醒悟：我們是宇宙精神的傳遞途徑，與宇宙合而為一，我們必須轉向內心精神的生活。最終，我們將會找到一切能量的源泉，從而使身體健康，生命延長。

18 一切的錯誤是因為什麼發生的呢？答案是：我們的無知。我們成長和進步決定於知識、能力、閱歷等方面的增長。知識能力的儲備可以使我們獲得更多的內在力量，而精神能量不僅僅蘊含在內心當中，也融會於萬事萬物之中。

19 知識是人類世世代代思想和經驗的結晶。設想如果人類停止思想進步，放棄理想，那麼我們改造世界的知識、能力也便從此失去。那時的我們，目光不再閃爍，面容憔悴。一切都將改變。

20 有夢想、渴望成功的人常常把理想存於心中，並為理想堅持不懈地努力。思想是構築理想大廈的必備材料，想像力是勾畫美好藍圖的基礎，心靈是感知外在世界的內在能量的源泉。夢想、渴望，依靠我們自身的力量逐步去實現。

21 我們必須忠於理想，外界環境的改變、能力的欠缺，都不應成為阻礙我們實現理想的絆腳石。其實，碰到困難是正常的，受阻時我們才能警醒自己，知道自己缺乏什麼。

㉒當我們的生活積極樂觀，我們就會發現有利的因素逐漸向我們靠攏，困難越來越少，優勢越來越明顯。樂觀的心態往往會使我們看到事物有利的一面，也能夠在現實生活中給周圍的人積極的影響。

㉓在上一章中，我們學習了如何描繪精神的圖景和如何使其視覺化。本堂課要求我們拿一個東西，運用想像力、洞察力等內在力量來感知一下這一物品的本來面目。讓我們透過事物的表面，發現它的本質。

㉔這樣的練習意義是很大的。當我們能夠洞穿萬物的表象，抓住它們的本質，瑣碎的、微小的甚或毫無生趣的，也會變得奧妙無窮。一切似乎毫無用處的事物中，都可能有其內在的合理性。

㉕我們當中只有少數人能了解到：我們看到的一切只不過是形式的結果，而深層的原因他們也是瞭若指掌的。我們當中的大多數只是看到了膚淺的表面，被一些外在形式所迷惑。

26 讓我們安靜地坐好，想像一艘巨輪：這艘巨輪靜靜地漂浮在大海之上，四周沒有任何生命存在。這艘巨輪十分龐大，有21層樓那麼高，數百人整齊地排列在甲板上，隨時待命。巨輪的掌舵者是幹練、經驗豐富的老水手，他們把船駕駛得很平穩，從這艘船上向四周望去，一切盡收眼底。它發射的炮彈殺傷力、破壞力都很大，這些都是我們能夠想到的。積極發揮想像力，我們也會逐漸知道這艘巨輪從何而來？正在執行什麼任務？

27 然後，從一些細節處著手，發揮一下想像力。端詳一下甲板上的鋼板，聯想到數千人參與共同鑄造它的恢弘場面。讓思維引領我們，使我們想像到建造這艘巨輪的命令可能來自國防大臣。或許因為戰事告急，遂通過議會投票產生出建造軍艦的構想，也許有的大臣會投反對票，並就此開始演講。就這樣通過刨根問底式的思索，我們逐漸了解到事物最本質的事實。而這本質的事實就是：如果沒人發現船也可以用於戰爭，那麼這艘巨輪壓根兒就不可能誕生。

精粹問答

1 成長目標的實現以什麼為基礎？

必是以相關思想的成形為基礎。

2 想像力的重要性是什麼？

可以把它看成是思想的翅膀，它帶領著思想，飛越無數險灘或荒丘。想像力可以避免許多細節上的麻煩，能夠在頭腦中積極營造理想家園，跨越藩籬。

3 想像力與思想關係如何？

想像力是思想的形態，一種富有建設性的形態。

4 想像力和幻想的區別是什麼？

想像力與幻想或白日夢是兩回事，不能混淆。幻想或白日夢多是我們的胡思亂想，不帶有相對的客觀性。耽於幻想會具有一定的危害性。

❺ 一切的錯誤緣於什麼？

緣於對事物的無知。

❻ 如何擁有一顆海納百川的心？

能夠吸納一切積極、健康、有益的想法。一切能量來源緣於我們的內心，內心想法、態度的更正離不開外在世界，這就需要我們本著學習的態度，吸取他人之長，切不可心胸狹隘、故步自封。

❼ 知識是什麼？

是人類思考所得，也是人類世世代代思想和經驗的結晶。

❽ 我們內心占主導地位的精神狀態有哪些特點？

我們內心占主導地位的精神狀態，包含著我們的習慣、性格等隱秘信息，而這一切都會通過外在環境及人生境遇回饋給我們。這樣的精神狀態是不會被一時半刻的思索、一場開心的電影或一部怡人的書籍所改變的。一種神秘的引力法則總是準確無誤地獲悉我們的習慣、性格，然後使我們處於難以改變的精神狀態中。

08：00～09：00

第9堂課

改變的力量

如果我們想改造外部世界，首先就要改變我們自己。如果我們美好的願望、理想總是無法順利實現，問題還是在於我們自己。這時我們的內心想法一定要以適合的方式，付諸行動。

在思想的世界裡，同樣存在著因果關係。經常用自身的渴望激勵自己，不折不扣地相信它，時刻認為它必將實現，並在腦海裡勾畫好這幅願景，剩下的就是堅持不懈地努力。不懈努力使其成為我們內心和行動的一部分，逐漸地，我們也就朝著心中描畫好的方向前行了。

性格不是生下來就有的，而是我們經過持續不斷努力而得到的。假如我們性格內向，害羞孤僻，膽小怕事，或者是恐懼危險的到來而導致精神高度緊張，這時請謹記這則真理：在同一時間、同一地點，兩種不同事物不會共存。改善的方法非常簡單，只要用積極的想法，如勇氣、自信、堅強，取代那些諸如無助、膽怯、局限等消極想法，必能將消極的想法打敗。就如同白晝驅逐黑夜一樣簡單。

事物的成功往往是通過集中意念、專注於目標而實現的，行動起來吧！

精彩繼續

❶ 外在世界中有三種事物我們一直在追尋，而我們的內心也包含著這三種事物。我們首先要找的是一種適合的模式機制，以與宇宙精神相和諧。

❷ 這三種事物就是：愛、健康與財富。我們都承認健康對於人類的重要性，因為如果軀體病痛或者消亡，內心的力量便很難得以發揮甚或枯竭；而財富也是相當重要的，物質上的富足能夠使我們有餘力去做一些對人類有貢獻的事情。放眼全球，除了自然災難，其他一切災難的根源幾乎都源於物質的充足與否。

❸ 愛同樣重要，幾乎可以稱它為人類的靈魂。我們的世界是因為愛才得以維繫，沒有它，一切將無從談起。總而言之，擁有健康、財富與愛的人，可以算是幸福美滿的人了。

❹ 我們常犯的錯誤是：只在外界事物中尋求幸福。宇宙精神告訴我們，內心的幸福與外在的幸福為相互輝映，有時前者還顯得更為重要。而思維方式將決定我們是否可

以與宇宙精神相聯繫，正確的思維方式將引領我們進入幸福的神殿。

❺思想是內在精神的活動，而內在精神是具有創造力的，具有一定的完美性。

❻運用客觀理性的思維，我們就會發現存在於事物的隱秘規律——真理。規律深深潛藏在我們的實際生活和內心世界裡，它掌控著我們行為的正確性，只有把握住隱形的規律，才能在紛繁複雜的世界裡從容不迫。

❼認知和尊重規律或真理，實際上就是與全能的力量和諧統一。這種全能的力量是一種戰無不勝的力量，它像一條河流能夠裹挾任何污穢、嘈雜、猶疑。

❽一個人是否有成就，往往取決於他是否與偉大的真理和諧統一。建立在真理之上的行為，即使是一個愚笨的人也可能有所成就；假如行為建立在荒謬之上，即使是最聰慧的人，也會迷失在茫茫的大海之上。所有不能與真理和諧統一的行為，都會毫無頭緒，混亂不堪。

❾真理和宇宙精神一樣，是萬事萬物的根本原則，無時不在，無處不在。例如，假如我們希望健康，就必須意識到這樣的事實：精神融合於身體的所有部位。部分存在的地方便是整體存在的地方，精神存在的地方。而這將帶給我們良好的健康狀態，原因

在於我們體內的所有細胞都認知到內心的精神真理。如果我們專注的是疾病，它們響應的便是疾病；如果我們專注的是健康，它們回應的便是健康。

10 勇敢地宣稱自己有信心、完美、強大，將為我們創造積極有利的環境。真理彰顯的時候，荒謬便將遁形。

11 如果我們渴望財富，並把意識投放到內心中，就會與宇宙精神合而為一，宇宙精神包含著一切我們需求的財富。這種認識可以幫助我們獲得增長財富的能量，並具有與目標絕對一致的能力。

12 視覺化是在想像過程中呈現出來的，是屬於主觀世界的、內在世界的。觀看和視覺化從根本上來說是完全不同的。觀看的對象是外在的，存在於客觀世界裡的；而視覺化的對象並不直接在外界顯現，而是通過大腦在腦海裡進行構思、完善，多發生在內心世界裡。

13 如果我們渴望愛，就像渴望被尊重一樣，獲得的唯一方式便是無私地給予。給予的越多，就越受尊重，也可以得到更多真誠的愛。

14 如果我們把精神真理與生命的外在世界結合在一起，就一定能找到解決所有問題的奧秘。當我們接觸到一些偉大的信念或偉大的力量時，內心常常為之震撼，思考得越來越深。正如，當我們意識到某人肩負著偉大使命時，便會在心裡給予萬分崇敬。

15 有時聽取他人的經驗也能使我們獲取知識，因為大部分經驗是經過實踐檢驗的，包含著當事人的心血。弗里德里克·安德魯斯為我們講述了這樣一個他自己的故事：那年我13歲，得了一種怪病，仁慈的T·W·馬瑟醫生無奈地跟我母親說：「抱歉，安德魯斯太太，我已毫無辦法了。我的兒子也是得了相同的病去世的，我當初為救活我兒子曾付出很多心血，還特意研究過這該死的怪病，但最終含恨而終。」母親反問：「醫生，如果他也是您的兒子，您將怎樣做呢？」醫生應道：「我仍將不惜一切救治他，只要他還有一口氣在，我都不會放棄。」

16 這是一場曠日持久的消耗戰，所有的醫生都認為我已沒有治癒的可能，然而他們都沒有放棄過救治我，並且竭力地鼓勵我，使我備受感動。最終我們勝利了，一個羸弱、畸形、只能爬行的孩子，長成一個強健的男人。

17 安德魯斯勝利了，因為他擁有一個強大的信念，他在內心裡不止一次對自己說：「我健全、完美、強大、意志力強、美滿而幸福。」甚至在睡夢中也會重複這句箴言。

18 他不僅把強大的信念運用於自身，也傳遞給任何需要它的人。他同時警示我們：如果我們有什麼意願，就不要害怕在眾人面前表達它。我們的意願有時也會帶動周圍的人。

19 擁有愛和健康的想法，我們便會獲得和諧而愉悅的生活；擁有憤懣和憂慮的想法，我們的生活便充滿了抱怨。

20 據一些科學家推斷，人類每隔7年肌體組織便更新一次，另有一些科學家則認為，人類只須11個月便會重塑一次。如果以上理論正確，那麼11個月後的我們都彷佛重生一樣，如果這時我們再次將原有的劣處植入其內，就只能怪我們自己不知悔改了。

21 我們內心龐雜的思想如果沒有理順，將會是非常混亂的；消極的念頭隨時會出現，並牢牢將我們掌握。消除消極念頭的有效方法是灌輸積極樂觀的想法，將消極的念頭置放在腦海中的角落。

22 如果把強大、果敢、仁慈和信心等充盈於我們的精神之中，外在環境也會成為我們心靈的外在反應，呈現積極的一面。與此同理，如果懦弱、嫉妒、被動佔據我們的內心，外在環境也會產生消極的一面。

㉓本堂課仍然進行一次針對視覺化的訓練。取一粒種子，種下它，給它澆水，並放在陽光可照射到的地方，直到它長出嫩芽。然後想像它的根是如何在泥土裡蔓延成長；觀察它的枝杈，看它如何生機勃勃地向天空伸展；也不要忘記想像它內在的生命，它枝體裡的細胞也有蓬勃的生命。

㉔同樣也可以仔細觀察它的葉子，葉子上的筋絡、葉紋，想像葉子們是如何分擔風雨、共用陽光的。或許在我們觀察的時候，它會綻放一朵美麗的花，集中精神聞一聞，也許還會有一股清香飄散過來。

㉕所有的成功都是集中意念於自己的目標，再加上適當的措施才能實現。思想的另一面是生活，我們不思考便意味著生活從沒存在過。思想創造了一切，當然也創造了我們人類自己。

精粹問答

❶ 我們想改造外部世界，首要的是什麼？

改造自己。

❷ 改善我們性格缺陷的方法是什麼？

只要用積極的想法，如勇氣、自信、堅強，取代那些諸如無助、膽怯、局限等消極的想法，必能將消極的想法打敗。這就如同白晝驅除黑夜一樣簡單。

❸ 外在世界中我們一直在追尋的三種事物是什麼？

愛、健康與財富。

❹ 追尋幸福時我們常犯什麼錯誤？

只在外界事物中尋求幸福。

❺ 認知和尊重規律或真理意味著什麼？

認知和尊重規律或真理實際上就是與全能的力量和諧統一，這種全能的力量是一種戰無不勝的力量，它像一條河流能夠裹挾任何污穢、嘈雜、猶疑。

❻ 一個人是否有成就往往取決於什麼？

取決於他是否與偉大的真理和諧統一。建立在真理之上的行為，即使是一個愚笨的人也可能有所成就，假如行為建立在荒謬之上，即使是最聰慧的人也會迷失在茫茫的大海之上。

❼ 獲得愛的方式是什麼？

如果我們渴望愛，就像渴望被尊重一樣，獲得的唯一方式便是無私地給予。

❽ 觀看和視覺化的區別是什麼？

觀看的對象是外在的，存在於客觀世界；而視覺化的對象並不直接在外界顯現，而是通過腦細胞在腦海裡進行構思、完善，多發生在內心世界。

第10堂課

因果之力

萬事萬物的發生、發展、乃至結局，都有其原因。我們所看到的外在世界，即是以「果」的形態存在。通過學習本章，我們將發現，一切隱藏在事物本質裡的隱形規律——因。我們可以憑藉事物的根本原因，制定計劃，掌控局面，依靠「因」的力量，獲得理想的「果」的結局。

現實生活中，我們常常為自己的主觀情緒或表層認知所迷惑，不是從深度上去挖掘，而是一門心思地任意妄為，自以為是。因此我們常常會聽到以下這些抱怨：經商受挫，抱怨命運不濟；厭煩音樂，想當然地認為音樂不過是富人們的奢侈品；不甘於做一名小職員，就自欺欺人地想到室外的工作更適合他；缺乏朋友，就自以為是地認為所有人都不配做他的朋友。

以上的這些抱怨都是由於沒有經過深思熟慮就下判斷造成的，如果我們沒有努力去改變的心，就只會不遺餘力地尋找藉口安慰被蒙蔽的自己。

與此不同的是，如果我們懂得「有果必有因」的道理，就會客觀地考慮問題，把握事物的內在規律，這樣就能為自己的行動指明方向，我們也將獲得愛情、友情、鮮花及掌聲。

精彩繼續

❶ 大自然對人類及萬物都是極為慷慨的，如今世界的豐富璀璨皆是由於大自然的無私奉獻，而宇宙的自然法則之一就是豐富充足。大地上無數的樹林、花朵、青草、動物，五彩斑斕，煥發著勃勃生機，造物與重生和諧輝映。

❷ 然而我們許多人，走不進這個永恆嶄新的世界。因為我們意識不到物質的普遍存在性，更無法得知我們的思維模式是唯一獲得豐富物質的內在力量。

❸ 其實，並不是一切財富都能為我們所用，只有那些能夠給予我們能量的財富才能發揮它本身的價值。自然界中的任何事物，都是力量的一種存在形態。

❹ 因果關係滲透化學、力學、電學等幾乎所有科學，我們也是憑藉這神奇的關係，制定計劃，果斷而準確地實施它。物質正是憑藉因果關係才得以正常運行，但宇宙中的力量不是唯一的，既有外在的物質能量，也有內在的精神能量、思想力量。

❺ 而內在的能量是更為重要的，因為它發現了神奇的趨勢——一切的規律或真

理。掌握了內在力量，才能實現人類與大自然的和諧統一，內在精神與宇宙精神的合而為一。

❻正如亨利·德拉蒙德所說：客觀的物質世界可分為有機物和無機物兩類。就以無機物中的礦物來說，它與有機世界中的動植物從來不被連接，相互區分，如果沒有電、化學或者其他必要的能量，礦物怎能被我們開採、利用。

❼死寂的星球，從來都是因為有了生命才有了生機。如果沒有生命之流的注入，礦物就只會是礦物，只能沉睡在黑暗潮濕的礦山或地層之中。如赫胥黎所說：生命來源於生命的道理是毋庸置疑的真理。丁鐸爾也曾說：我們沒有任何證據可以表明今日的生命與昔日的生命毫無關聯。

❽物理規律能夠闡釋無機物，生物學能夠闡釋有機物（但未必完全）。一旦面對生命體與非生命體，科學的闡釋便會默不做聲。自然世界和精神世界之間的秘密隧道同樣困擾著現代科學，解開謎團的力量來自何處呢？最終離不開內心的無窮力量。

❾宇宙精神降臨人間，尤其是人類的內心，從而賦予人類聯通外在世界的神奇能量。無論是在商業領域還是藝術領域中獲得成功的人，都受益於此。

⑩人類的思想猶如一座橋樑，溝通了有限和無限、個體生命與宇宙之間的聯繫。

⑪當一粒思想的種子孕育於宇宙精神之中，逐漸生根發芽、茁壯成長，生命的規律支配了這一切。這時我們便會了解，一切外在的環境和境況都包含在我們的思想之中。

⑫思想不是靜止不動的，而是動態的能量。思想從客觀的外在事物出發，一直延伸到茫茫無邊的宇宙。從種種歷程中，突顯生命體的能量，改造客觀世界。正如《舊約》中所言：決意於某事，仁慈的主便賦與你成就。

⑬如果宇宙就如同我們自身，那麼就說明是宇宙精神創造了宇宙。而我們人類就是宇宙精神的具體化，是個體化的宇宙精神，同時也以同樣的方式創造了我們生存的外部環境。

⑭千萬不要把我們具有的創造性的能量與生命的進化混淆，因為創造性的能量來源於我們對內在力量的感知，從而創造客觀世界。生命的進化則是，已經存在的生命為了生存或其他因素以適應環境的演化過程。

⑮「我能有什麼功勞呢，一切的功勞、榮譽皆應歸因於寓居我心中的神靈。」這是我們應該遵從的客觀態度。表面看起來，是我們的行動導致了結果，其實不然，是運

行其中的偉大的規律和精神起了決定性的作用，外在行動只不過是受其支配而已。

16 曾有人認為既然人類擁有智慧，就可以憑藉它使任何力量為我們所用，達到任意的目的。這是何等荒謬！擁有智慧仍然需要我們尊重規律，不能為所欲為。

17 就像我們所熟知的電流，它無影無形，卻忠實地為我們服務著。如今資訊的傳遞，機器的運轉，都已經離不開電，但如果我們違反了電的規律，不經意間碰觸了火線，我們就會受到損害。同理，如果不按照內在世界的法則，不良的後果就會接踵而至。

18 曾有人把因果關係形象地解釋為極性原理：兩極各據一方，有電流通過才能將兩極聯繫在一起；同樣的道理，因與果之間的內在規律如果不通的話，因果便失去了聯繫。

19 因果關係的規律無處不在，自然萬物中的一切皆處於其中。有生長的地方，就會有生命；有生命的地方，就會有和諧。在這裡，生命的意義和價值得以彰顯。

20 如果我們的想法與內在規律不一致，宇宙與個體生命之間分割成兩極，那麼我們不切實際的想法，就會使我們產生煩惱，憂心成疾。或許我們的病有千奇百怪的名字，但病根皆為錯誤的思想。

21 富有意義的思想一般都具有創造性與和諧性，它不會包含消極的、「不是你死就是我亡」式的思想。

22 我們作用於外部世界的力量都來源於我們的內心，而我們的懦弱是因為缺乏力量造成的，治療的方法就是挖掘內心的力量。它和所有的力量一樣，是需要經過練習才能擁有的。

23 其實練習的過程就是不斷獲取知識的過程。我們必須努力且主動地去獲取，才能得到。這和獲得財富是一樣的，財富需要去爭取，從來不會從天而降。獲取知識就是對外在世界積極認知，於內心確立一種包含具體目標的意識，從主觀上獲得意志力，再把它付諸實踐。

24 本章的練習仍然需要安靜地坐好，而且是靠著一面白色的牆坐好。然後在腦海裡勾勒出一條黑色的水平線，集中意念盯著那面牆，彷彿那條黑色的線就在眼前，就在牆上。然後，再在腦海裡畫出兩條垂直的線，與那條水平線的兩端垂直相交。接著再畫一條水平線，四條線組成一個正方形。之後在正方形裡畫一個圓，並在圓的中心點一個點，然後把整個圖形想像成一個圓錐，且是黑色的；接著再把它描繪成紅色、黃色等。如果你能做到，就說明集中精神方面你已經有了進步。這時如果你心中已有了初具模型的目標的話，那麼使它成形就是時間早晚的事情了。

精粹問答

❶ 有許多人走不進這個永恆嶄新的世界的原因是什麼？

因為他們意識不到物質的普遍存在性，更無法得知自己的思維模式是唯一獲得豐富物質的內在力量。

❷ 為何內在的能量是更為重要的？

因為它發現了神奇的趨勢——一切的規律或真理，從而實現我們人類與大自然的和諧統一，內在精神與宇宙精神的合而為一。

❸ 客觀的物質世界分為哪兩類？

有機物和無機物。

❹ **解開謎團的力量來源於何處？**

內心的無窮力量。

❺ **創造性的能量與生命進化的區別是什麼？**

前者來源於我們對內在力量的感知，從而創造客觀世界；後者則是已經存在的生命，為了生存或其他因素以適應環境的演化過程。

❻ **我們產生煩惱，憂心成疾的病根在哪裡？**

錯誤的思想。

❼ **我們為什麼會懦弱？**

因為缺乏力量。

❽ **如何獲取知識？**

獲取知識就是對外在世界積極認知，於內心確立一種包含具體目標的意識，從主觀上獲得意志力，再把它付諸實踐。

10：00～11：00

第11堂課

規律的力量

我們的生命、行為，實際上都是受神奇的規律所支配。這神奇的規律無時無刻不在運轉著，且悄無聲息、無影無形。在尊重規律的基礎上，唯一對我們起限制性作用的是我們的思想。萬事萬物皆處於因果關係這條規律鏈裡，有果必有因，有因必有果。

或許我們曾經聽到過這樣的抱怨：「我的生活真是不幸，現在的結果並不是我想要的，我要的結果卻從來不曾出現。」這抱怨裡透露出此人所處的因果鏈條已經斷裂，他並沒有了解到事實與規律的重要性，因果的作用與反作用。

精彩繼續

1. 列舉歸納法是一種思維方法，通過列舉相似的事物或事實，從中找到規律，人類正是應用它才取得了諸多進步。

2. 歸納法是通過大量的事物或事實做比較，得出的較為正確的結論。主要目的就是找共通性，即事物的規律。它消除一類人因為個別事件就妄下結論，以及以偏概全的毛病。它賦予我們理性。

3. 歸納法就像我們忠誠的衛士，持著盾牌勇敢地守衛著我們理性的城堡，不受任何荒謬想法的侵犯。

4. 在人類的童年時期，因為對自然界的事情無法進行科學的解釋，便產生了許多的神話。現代是文明社會，是日新月異的資訊社會，我們已經有能力解釋諸多現象和事物，而且解釋並非是膚淺的，是透析出問題規律的深刻揭示。

5. 人類總是處於一種平衡之中，既有一定的距離，又相互吸引。其他的事物之間也是如此，受著神奇規律的引領與限制。

❻我們的願望、夢想，常常會與我們自身的能力、力量相匹配。就如同顏色心理學所闡述的那樣：容易為我們所接受的顏色，往往是那些具有互補性的顏色。

❼如果我們能夠發現這樣的規律，將對我們大有益處。科學家居維葉就是一個生動的例子，通過這條規律，他聯想到既然滅絕的動物有這樣一顆牙齒，就證明它有一個足夠大的軀體與其相匹配。就這樣，動物的骨骼被他重新構成。

❽當初海王星的發現也是應用了同樣的方法。科學家勒維耶有一次注意到天王星的運行軌道發生偏離，他就聯想到：既然天王星的軌道偏離，那麼就會有另外一顆行星出現，以維持太陽系的穩定，於是他發現了海王星。

❾從以上兩個例子可以得知，有因必有果，存在與事實相伴而生。大自然的穩定運行正是依靠著這樣的規律。

❿我們正是依靠著大自然給予我們的啟示，並憑藉先進的科學，才將我們的感知範圍拓展到幾乎整個自然界。這時我們就會發現，人類與大自然的聯繫是那麼緊密、深切、息息相關。保護自然就是保護人類自身。

⑪如果我們仍然是對大自然有利的，那麼還算是大自然的合法公民。大自然調節著個體生命與外部環境之間的衝突和矛盾，以滿足個體所需。

⑫我們每個人心中都會有所希冀，於腦海裡構思美麗的前景。偉大的先知柏拉圖通過歸納法曾做出這樣大膽的構想：所有勞動包括人力的、機械的勞動都交由自然力完成，人類只需要用意志力就可以了。

⑬或許這個理想對我們來說還比較遙遠，但這種精神無疑深深影響並鼓舞了我們，我們願意為此而努力。正是人類內心的這種渴望，成就了人類的夢想，夢想無論多麼小，都將是積極的。

⑭柏拉圖留給後世的可貴精神之一是：在我們渴望實現某一目的時，就應該想到我們已經實現。這一精神給予我們的力量是不可限量的。

⑮我們首先要做的就是想像我們渴望的藍圖已經實現。目標確定後，集中意念於它，這樣就排除了思維上的混亂。

⑯把它當作一顆埋入土壤的種子，悉心照料它，而不是打擾它，它必將生根發芽，茁壯成長。然後運用內心的力量和外在果敢的行動把它付諸實施，從而獲得成功。

17 我們在生活中常常會注意到有些人往往比較幸運，彷彿是幸運的天使。他們看起來總是不費吹灰之力就能獲得成就，而我們總是經歷了無數的艱辛之後才能實現內心的渴望。

18 在沒有把握好規律之前，我們總是原地打轉，失去方向。

19 真理，可以用任何語言說明，可以為任何學科所解釋，不會因外在形式的改變而失去本質。真理與人類精神及生活的交會，必然帶來深切的改變。

20 我們人類總是根據需求、利益等，對真理的外在進行改造。一旦遠離本質，將得不償失。真理與人類的關係需要重新樹立，應以真理的本質為基礎，對各個層面進行客觀闡釋。

21 現代社會節奏快速，新與舊劇烈碰撞。新的美好世界即將呈現在我們面前，舊的落後的阻礙社會進步的事物就此消亡。社會的新陳代謝總是朝著有利於人類的方向發展。

22 我們內心信仰的召喚都是以新的形式出現。新的信仰都是內心能量不同層面的呈現，都是思維活動的創造過程。

㉓無處不在的宇宙精神蘊含於萬物，使我們超越任何理論和行動的鴻溝，從而使我們獲得駕馭一切的能量，成為內心世界的主宰。

㉔人類目前為止最偉大的發現就是思考。思考的力量使人類擁有了夢想和前進的動力，這一偉大的發現儘管沒有被廣泛接受、認知，但它的力量正潛移默化地影響著所有人。

㉕構成思想創造力的要素是創造性的理念。理念通過種種手段，運用各種力量，最終實現了目的，呈現在客觀世界裡。

㉖如果思維沉入內心中便會發現：思想的活力就蘊藏在內心之中，思想的藩籬一個個被攻破，內心的生活自由無比。

㉗內心生活的這種沉思，經常使我們獲得具有創造性、前瞻性的啟示。這種啟示能夠突破一切限制，獲得真實的自我，與宇宙精神合而為一。

㉘本章的練習，只要體會《聖經》中的這句話就可以了，即「無論你內心禱告祈求什麼，只要你堅信它，必然獲得」。同樣需要把思維沉入內心當中，不要受任何限制，一切都將取決於你自身的思考能力。

精粹問答

❶ 在尊重規律的基礎上，唯一對我們起限制性作用的是什麼？

我們的思考能力。

❷ 歸納法是什麼？

它是通過大量的事物或事實做比較，得出的較為正確的結論。是一種思維方法，通過列舉相似的事物或事實，從中找到規律。

❸ 柏拉圖留給後世的可貴精神之一是什麼？

在我們渴望實現某一目的時，就應該想到我們已經實現。

❹ 人類目前為止最偉大的發現是什麼？

思考。

❺ 構成思想創造力的要素是什麼？

創造性的理念。

❻ 思維沉入內心中，便會發現什麼？

思想的活力就蘊藏在內心之中，思想的藩籬一個個被攻破，內心的生活自由無比。

❼ 如何才能被稱為是大自然的合法公民？

對自然有禮，與之和諧相處。

第12堂課

集中能量和專注思考

在本章中，我們會了解到集中能量和專注思考的力量。我們首先要做的是了解自己的力量，然後集中能量，在勇氣的鼓舞下獲得信心，以有力的行動付諸實施。

如果我們集中意念，把精力專注於某一思想上，努力發掘其內在意蘊，最終就會發現它所深藏的深刻含義。情況較好的話，一種思想還會引領出諸多的思想，如此，其意義和內涵便得到了延伸。

我們頭腦裡的知識不會主動付諸實踐，只有經過我們頭腦的整合運用才會發生功效，而起決定性作用的是賦與我們內心思想一個具體的目的，這樣，零亂的知識才能被合理地應用。不用的知識就等同於無用的知識、死的知識。

我們人類的思維是渙散的、零亂的，所以我們總是毫無目的或盲目地做著沒用的事，我們將大量的時間、精力通通消耗在沒有目標或對我們沒有益處的事情上。這時就需要我們集中意念，於內心確立準確的目標，隔斷一切干擾，以非凡的勇氣和信心去實現訂下的目標。這就如同拍照，鏡頭對不準，影像就會模糊，而一旦調好焦距，影像就會變得清晰。這就驗證了集中能量和專注思考的力量。

我們的精神圖景或追求的目標，假如不能被集中地關注和實施，就會如同模糊的影像飄忽不定，而我們看到的只會是影像的輪廓。

精彩繼續

1. 我們的思想是具有創造性的，合理而科學地把握它，我們所設定的目標就能夠得到較好的實現。
2. 思想的創造力人人皆有。人的思考力如同宇宙一樣是無限的，這也就意味著創造力也具有無限性。
3. 如我們所知，思想產生於我們的大腦，客觀上是可以控制的。但消極的情緒如憂慮、絕望等，總是在頭腦裡產生，這些消極的情緒同樣擁有強大的力量，猶如逆水行舟，不進則退。

4 要避免不進反退只有勇往直前。我們首先要做的就是了解自己的力量，然後集中意念和能量，在勇氣的鼓舞下獲得信心，以有力的行動付諸實施。

5 運用上面的方法，就會為成功創造良好的條件，不被外在環境所控制。因為思想的能量是無窮的，一切內在資源都受它支配。

6 我們必須明確理想。理想任意更換就如換衣服一樣，會被理想的積累壓垮，形成一種失敗的惡性循環，並在選擇與盲目中耗費掉所有的時間和精力，到最後將一無所獲。

7 現實中這樣的例子比比皆是，比如雕塑家獲得一塊非常好的大理石，以此為材料進行雕塑，如果每隔一段時間他都換一個想法，那他鑿出來的將會是何物呢？同理，由我們內心驅策的外部世界中，美麗的大理石何止千千萬萬，如果我們的想法不定，再美麗的事物也終將會失去。

8 我們財富的減損往往是由內心消極思想造成的，經受多年的辛勞也白白耗費。

財富不可能長存，唯有思想才是獲得一切的原動力。

❾我們所說的內在力量，獲得的途徑並不是依靠外在世界，而是來源於內心。如果無法產生能量，就只能調整改變。當我們的內在力量與宇宙精神合而為一時，便會生發出無窮的能量。假如我們的思維意識偏離了宇宙法則，就努力去適應它。兩者重合時，也就意味著我們有所成就了。

❿思想能量的發揮也要找對途徑。隨意地揮霍，無休止地濫用，都可能帶來嚴重的後果。切不可迷醉其中，要有理性。

⓫消極的想法也是我們應該盡力規避的，它帶來的後果同樣很嚴重，我們可能會因此抱憾終身。

⓬有一些人總是沉醉於神秘靈異的事情之中，期待著神奇或奇蹟發生在自己身上，實現不勞而獲。這樣貪癡的想法讓他們的思想深受其害，精神狀態越來越消極、晦暗，最終在沉迷中耗盡心力。

⓭例如有些崇拜奇異現象的人在看到詭異事件時總是感到驚訝，而詭異背後的力量之源卻被忽視了。力量之源的精神意念如果消失，力量也就不復存在了。

⑭ 眾所周知的催眠術，其實無論是對受催眠者還是對催眠者都是具有危險性的。因為人類內心的力量只能由自身控制，無法由任何人代為利用。即使催眠者能夠控制他人的意志，它自身的能量並不會得到絲毫的發揮。如果執意去做的話，他自身的能量也將喪失殆盡。

⑮ 一切的迷惑都有腐蝕性，使人陷入泥潭。而如果努力發掘內在力量，就會發現它的能量是無限延伸的，永恆存在的。它不使人沉迷，只會使人從中獲得積極的力量，並且能夠治療和預防偏執思想的產生，免受惡劣思想的侵害。這種積極的內在力量還具有創造性，借助它即能構建有利於我們發展的和諧環境。

⑯ 我們的思想常常是與客觀存在的物體有關聯，內心世界中思考的模型或指代物，在客觀世界中都有對應的存在。由此我們可以相信，思想就如同客觀世界的嫩芽，正是由於內心世界的滋養，才創造出外在的事物。

⑰ 愛的法則是指具有動態力量的思想與客觀世界發生聯繫，並排除所有不利因素的法則。它具有永恆性，普遍蘊含於萬事萬物之中，我們不能沒有它，它是一種有活力、有思想的真實情感，就是愛。富含愛的思想將擁有戰無不勝的力量。

18 只要我們深刻認知了思想的力量，宇宙真理便會與我們齊頭並進。宇宙精神既是內心世界的智慧，也是具有吸引力的物質，由一個個分子、原子或更微小的粒子匯聚而成。而我們將會發現，所有力量背後隱藏的都是愛的法則。愛的法則不僅創造了微小的世界，也創造了萬事萬物以及宇宙和宇宙精神。

19 愛的法則的存在使人類得以相信：支配萬物的是有人性的萬能的愛之主，對於所有人的正直訴求都給予溫柔的關懷和回應，最終滿足人類各種各樣的願望。

20 吸引力法則具有的能量是由思想和愛的結合帶來的。一切自然法則都具有不可抗拒性，例如重力法則、電力法則等。假如一座橋坍塌了，我們不應該責備於重力法則；假如一盞燈不亮，我們不應對電學法則失去信任。法則本身並沒有變，仍在發揮作用，改變的是外在的客觀條件。吸引力法則也是同樣的道理，傳遞力量的管道不同，決定了它應用情況的不同，而其本身的作用毫不減弱。

21 外在事物總是在我們的內在世界裡成形後，才在現實世界中呈現。掌握思維過程，便會預見即將發生的事，預測它的未來。把吸引力法則落到實處，以合理的目標澆灌它，便有了實現它的把握。

㉒我們的思維很難接受新的理念，因為我們大腦裡沒有一種接受它的細胞，所有的細胞都是按部就班的，沒有突破和認真地思考，只有懷疑。這就如同人類的一個特點：我們總喜歡先造出一個工具來，然後看它有什麼用途。這即是思維的能量沒有在本質上發揮應有的作用。

㉓創造我們的腦細胞吧，讓它們與具有無限能量的吸引力法則相接，其中，集中意念與專注思考起著決定性的作用。憑藉它與宇宙的法則合而為一，神奇的力量便屬於你了。

㉔意圖支配著意志力。通過集中意念與專注思考，我們的思想、潛力等都將會凸顯出來。在思考的世界裡，我們的思維便與潛意識的能量有了關聯，力量也將從此而出，化為果敢的行動。

㉕本章的練習仍是安靜地坐在一間屋子裡，身心保持放鬆，感覺到舒適為止。要努力意識到：自己已與宇宙精神建立了聯繫，並處於合而為一的狀態。相信是自己的思考與宇宙精神的交互作用，才各自彰顯了能力。認知到：任何個體生命都是宇宙精神的傳遞管道，宇宙能夠滿足所有正直的要求。認同：思想可以創造任何事物，內心的訴求

都得以表達。

26 要想在內心世界找到智慧、力量或成功，內心的渴望是必不可少的，無數的秘密都在內在世界裡得以揭示。因為所有秘密或神秘事物都是有規律的，經過堅持不懈地努力，內心的力量會逐步增長，實現渴望便越來越容易。

精粹問答

1 **頭腦裡的知識如何才會發生功效？**

賦與我們內心思想一個具體的目的。

2 **如何避免把時間、精力消耗在沒有目標或對我們沒有益處的事情上？**

需要我們集中意念，於內心確立準確的目標，隔斷一切干擾，以非凡的勇氣和信心去實現訂下的目標。

3 **避免不進反退的方式是什麼？**

只有勇往直前。

❹任意更換理想的害處有哪些？

會被理想的積累壓垮，形成一種失敗的惡性循環，並在選擇與盲目中耗費掉所有的時間和精力，到最後將一無所獲。

❺財富的減損往往是因為什麼？

內心的消極思想。

❻什麼是愛的法則？

指具有動態力量的思想與客觀世界發生聯繫，並排除所有不利因素的法則。

❼愛的法則有什麼特性？

它具有永恆性，普遍蘊含於萬事萬物之中。人類不能沒有它，它是一種有活力、有思想的真實情感。

12:00～13:00

第13堂課

人生需要夢想

世上一切現象的發生都有其原因，沒有所謂超自然的東西。要敢想敢做，你要始終堅信你就是未來的創造者，你有資格得到全宇宙中所有的美好事物。

現在我們正生活在這樣一個神奇的時代——物理科學帶來發明創造的時代，並且現在精神科學日新月異，任何人都無法預測會發生什麼事情。起初，精神科學是那些瘋魔迷信、輕信盲從、目不識丁的人玩的遊戲，但時至今日，人們的興趣則只在於那些明確的方法和早已被證實的事實。我們逐漸明白，思想具備的是精神作用，想像和夢幻始終比行動和事件早，夢想家的時代來臨了。考夫曼寫下的這段話頗具深意：

他們是出色的建築師，他們的靈魂裡潛藏著夢想，他們穿過懷疑的薄紗和迷霧，穿越未來時間的圍牆，擰緊的螺絲、鋼筋的足跡以及裝甲的車輪，都被他們當作梭子一樣去織造奇妙的掛毯。他們創造了帝國，他們為此奮鬥的種種都彌足珍貴。

他們是天道的使者，是被上帝選中的少數。圍牆坍塌了，帝國滅亡了，海洋潮汐漲落扯破山石堅固的壁壘，不斷有腐敗的王國在時光中覆滅，只有夢想家創造的一切留存後世。

後面的內容會告訴你夢想家實現他們夢想的方法和過程，其中主要闡釋了所有發明家、作家、夢想家、金融家能夠心想事成的因果關係法則，闡釋了這個法則是怎樣讓我們精神世界中的願景最終成為現實。

精彩繼續

1 當今科學的需要，抑或是趨勢，均是依靠對罕見事件或個別事件的概括來解釋日常生活中發生的事件，這就與火山爆發顯現出地球內部的熱能運動相同，目前地球表面的地貌正是地球內部熱能運動導致的結果。

❷ 同理，閃電展現了一種在不斷變化著的無機世界的玄妙能量；又如如今已經消逝的某種古老語言，很可能曾經風行於某個國度。無論是在地球深處看到的一塊化石，還是在西伯利亞發掘的一顆巨齒，都記錄著過去時光的變化，也向我們展示著今日一切的起源。

❸ 用這樣一種方式，對那些罕見、奇特的事情進行概括，就好比有了指南針，指引著科學的所有發現。

❹ 該方法是以經驗和推理為前提的，所以它打破了常規、個案和迷信。

❺ 自培根推薦這種研究方法以後的幾百年，文明國家幾乎都將知識與物質的繁榮昌盛歸功於此，該方法使人們擺脫了頭腦中根深蒂固的觀念和狹隘的偏見，其效果比使用最尖銳的諷喻更加卓絕。它運用令人驚奇的實驗，將人們的注意力從天堂引到地面，而不是強烈反駁人們的愚昧無知；它把最新最有用的發現公諸於世，從而使人們發明創造的能力大大提高。

❻ 培根的思想和古希臘哲學家們的思想有異曲同工之妙，並且在新時代新方法下發揮這些思想的作用。如此，上至浩渺宇宙的廣闊空間、廣袤歷史長河中悠遠模糊的年

代，下至微小的生物細胞，一點一點地揭示出一個充滿神奇奧妙的知識領域。亞里斯多德的邏輯學無法推演出人類脈搏跳動的規律；任何經院哲學都無法運用辯證思維分析出物質集合分解出的分子。

7 人們攻克疾病，減少痛楚，生命不斷被延長，莊稼產量提高了，船員出海的安全性提高了，我們祖先沒見過的大橋橫貫大江兩岸，光明猶如太陽一般照亮了黑暗的夜，人類的視野不斷拓寬，人類肌腱的能力也提高了數倍，速度更快了，距離消失了，通信交流、商業往來更方便了，人們能夠自由自在地在藍天翱翔，亦可安心地潛入大海深處那些神秘的洞穴中。

8 這就是歸納法純粹的本質範疇。人類科學技術的成果如此卓絕，我們就更應該將這些例子和教誨深藏於心，在總結出普遍規律之前，我們一定要運用一切手段和資源，認真、仔細、耐心、準確地審視個體的事例。

9 想要知道電動機械上為什麼會出現火花，我們就要鼓足勇氣，和佛蘭克林並肩作戰，通過風箏向烏雲探尋閃電的性質；想要知道伽利略自由落體的本質原因，我們就要敢於和牛頓站在一起，積極探索地球的引力。

⑩簡而言之，以我們認定的真理的價值，以及我們對於正常進步的期待為前提，我們不希望因為可惡的偏見使我們忽視那些不被喜歡的事實，而是要讓科學的上層建築在廣闊穩固的地基之上紮根，在重視常見現象的同時，更不能忽視那些罕見的事實。

⑪經過長久觀察，我們能夠獲取更多的資料，但如果用來解釋自然規律，這些大量堆積的事實的價值則有顯著差異。這就好比我們認為自然進化中最珍貴的事物是人們的才德，同理，自然哲學也對所有事實進行了甄別選擇，那些我們日常生活中很難察覺的現象，其重要性常常超過一切事實。

⑫倘若你了解到某些人擁有特異功能，你會有怎樣的結論呢？是的，你可能首先會質疑，怎麼可能發生這種事？然而，如果你真的有這樣的質疑，那就是承認了自己的愚昧無知，因為所有誠實的探尋者都無不例外地承認宇宙中總是會發生一些怪異、此前難以解釋的現象或事件，而那些對思想創造力具有深層次了解的人們，當然不會認同此類事件是難以解釋的。

⑬其次，你也許會說，這些都是源於超自然現象的干預，然而科學的自然法則會告訴大家，這個世界並不存在任何超自然現象。所有現象的發生均有其原因，且原因往

往是某種我們並不了解的原理或法則，這種原理或法則有意識或無意識的運行也都是精確而固定的。

⑭第三，我們也許會說，我們進入了「禁地」中，可能有些事物不是我們該了解的。在人類的進步過程中總能聽到諸如此類的消極意見，那些提出新思想的人，如伽利略、哥倫布、達爾文等，都曾遭遇不同程度的諷刺、排斥或迫害，因此，該消極意見是不值一提的。然而，反過來說，我們應該認真思索每一件吸引我們注意力的事實，唯有如此，我們才有更多了解其中規律的機會。

⑮你會發現，思想的創造力具備解釋所有經歷（包括心靈的、精神的和物質的）的能力。

⑯思想帶來的際遇往往與主導精神狀態相同，所以，如果我們擔心疾病纏身（擔心本身也是一種強大的思想力量），那麼這種擔心就真的會導致你疾病纏身。這種想法會讓你長期的努力白白浪費掉。

⑰倘若你想要財富，你就可以得到這些財富。將意念集中在所需的境況中，就會使這種情況發生，如果再加以努力，就能夠使這種情境發生轉變，最後幫助你實現夢

想。但也許你總會有這樣的感覺，在你得到了心中所想的事物時，卻並未產生預期的感覺，這是因為人的滿足感只是暫時的，或者可以說，所謂的滿足感其實和人們的真正期望是截然相反的。

18 那麼，究竟什麼方法才正確呢？怎樣的想法才能幫助我們真正實現夢想呢？你的夢想，我的夢想，乃至全人類的夢想，就是和諧與快樂。倘若你可以將這個世界給你的一切都掌握在手中，那麼，你就能得到真正純粹的幸福與快樂。只有具備讓他人獲得幸福的思想和能力，我們才可能擁有真正的幸福。

19 但是倘若你不夠健朗，力量消亡，沒有朋友，懷才不遇，衣不蔽體，食不果腹，那麼你還能快樂起來嗎？由此可見，任何人都需要滿足自己的日常所需，並且還要儘量地去擁有一定的奢華與舒適，這些誰都有能力得到，而這也是讓我們獲得快樂與幸福的原因之一。

20 保守而傳統的思維方式，只是要我們滿足於自己應得的部分。而時下的理念則是：要知道宇宙賦與了我們最好的事物，明白「上帝與我合而為一」，同時更要明白「上帝」即為宇宙精神，是萬物的起源。

㉑現在，我們已經明白這些在理論上的正確性，要怎樣將其付諸行動呢？又將怎樣才能即刻看到明確的結果呢？

㉒首先，我們要學有所用，所謂實踐出真知。作為運動員，他們可能在其一生中要閱讀許多跟體育訓練相關的書籍，但如果他們只讀書而不肯在實際訓練中付出汗水，那麼他們將很難擁有強健的體魄，也不可能取得體育生涯中的驕人成績。收穫往往與付出成正比，而且要先付出，其後才有收穫。這種付出雖然只是一個精神過程，但卻能夠讓我們得到數倍的回報。這並不難理解，因為有了思想的因，必然會有境遇的果。所以，只要我們能夠將「因」的導火索點燃，即付出諸如健康、勇氣、信心、熱情等積極思想，就一定能得到光明的結果。

㉓思想是一種具有創造性的精神活動，但一定要明白，倘若缺少了系統化、建設性、有意識的引導，思想便不會有創造性。這也恰恰是建設性思想與空想之間的根本差別，前者代表著永恆的成功，後者則不過是在浪費精力和生命。

㉔大家已經了解，我們的一切遭遇都與吸引力法則密切相關。快樂和不快樂的念頭永遠不能共存，所以意識一定要改變，一旦意識發生變化，則所有情景就都會跟隨著

意識發生相應的改變，如此方可適應新的需求。

㉕在創造精神願景時，我們的意念就投射到了萬物的創造者——宇宙之中。宇宙物質是全知全能的，我們當然無法告知無所不知的宇宙物質應當怎樣實現我們自己的需求，以我們的有限，當然無法去督導無限的宇宙物質。我們雖能了解到宇宙物質的無處不在，但是很難接受它「不僅無處不在，而且全知全能」的事實，所以這往往會將我們自身無知的導火索引燃。

㉖通過對宇宙精神的無限能量和智慧的了解和認知，我們便能更好地維護自身利益。通過此方式，我們便能找到運用無限的宇宙精神實現自我需求的捷徑，這就意味著認知可以帶來現實。

㉗這堂課要掌握的是：學會使用該法則，認識到你只是整體的一部分，除了程度上有些差別外，你的本質與整體是完全一樣的。在這種崇高的思想入駐你的意識後，在你完全了解到你（是你的自我，而非你的身體），你心裡的那個「我」，那個可以思考的靈魂，就是這個強大整體中不可或缺的一部分，在性質、屬性、本質上，創造者給你的和創造者本身並無差別，因此你也可以說，「我與上帝合而為一」。此時，你將會感

受到：一切偉大、奇妙、美好的際遇，都唯你是從。

精粹問答

❶ **自然哲學家如何獲取知識，如何應用知識？**

他們認真、耐心、準確地審察個體的事實，運用周圍的全部資源和各種手段，並以這些為前提勇敢地提出普遍法則的論述。

❷ **如何才能確定此方法是正確的呢？**

讓我們的內心遠離偏見，重視那些不被歡迎的事實。

❸ **什麼樣的事實需要大家重視？**

那些沒辦法通過日常生活裡的觀察進行解釋的事實。

❹ **這種理論有怎樣的依據？**

經驗和推理。

❺ 這種方法將會打破什麼？

它將會打破創痛、迷信和先例。

❻ 這些法則是怎麼被發現的？

通過對那些罕見的、不熟悉的、怪異的事實進行總結概括。

❼ 我們應該怎樣去對那些奇怪的、至今未有定論的現象尋求解釋呢？

依靠思想的創造力。

❽ 這樣做的原因是什麼？

在我們明白一件事實之後，我們就可以確定它是某個明確原因產生的結果，而且這個原因肯定是精確運行的。

❾ 這種認知會產生怎樣的結果？

能夠解釋所有可能出現的情況的原因，無論是物質的還是精神的，抑或是心靈的。

⑩ 如何才能將我們獲得的利益最大化？

我們要弄清楚這個事實：在我們對思想創造性的本質有了深刻的認知之後，它將使我們與強大的力量建立緊密的聯繫。

13:00～14:00

第14堂課

消極思想帶來消極環境

在你的成長過程中，離不開環境對你的影響，也許某些對你有積極的影響，有些有消極的影響，在這種條件下，你採取的態度應該是積極地改變不利於你的條件，利用你的能力創造對自己有利的條件。不要放大客觀環境對你的影響，那只會成為你成功路上的絆腳石。

到目前為止，我們已經了解了思想作為一種精神性的活動，有很強的創造力。然而，這也並不是說只有那些卓越的思想才具有創造力，如果你能運用你的控制力，將你的消極思想變成積極思想，那麼在這個過程裡，你就能很好地消除消極思想所帶來的負面影響。

顯意識和潛意識是精神行為中兩個相互聯繫的部分，二者的關係猶如風向標和風向一樣，一旦天氣出現了變化，潛意識也會相應地發生變化，而這些變化與潛意識的深度和強度是相一致的。

所以當你能夠控制你的困境和對你不利的條件時，你就能把消極的思想從生活中連根拔起，使它們失去活力，如此，你便可以讓自己隨時處於良好的情緒當中。請記住：生長規律控制著每個生命的成長過程，尤其是這其中的行為。因此，否定你自身對那些不利環境的不滿，並不能馬上給你的境況帶來轉機。就如同將一棵樹連根拔起，你並不能看到它立刻枯萎，但是失去了養料供應的源泉，它遲早會喪失生命。

將你的消極思想撤出不利的情境亦同此理，只要你這樣做了，便會逐漸地將這些情境徹底終止。也許你會認為這與你所習慣的方式截然相反，因此它導致的結果也必然不同。生活中的多數人往往是將注意力集中在那些令人沮喪的環境裡，所以這種負面情緒就會被慢慢放大，令他們深陷於消極的情緒無法自拔。

精彩繼續

1 宇宙的能量是沒有極限的，它是一切存在的源頭，不論是有形的物質還是抽象的真理；它同時也是一切結果發生的原因，更在所有出現的結果之上。

2 如果你想要認識這種智慧，你就必須認識宇宙精神的本質，將自己內心的力量轉化為與宇宙相和諧的精神力量。

3 這些是很多具備豐富的自然科學知識的大師們也從未嘗試過的，這是一種他們自己也未領略過的發現。他們從不曾意識到，智慧和宇宙的物質和能量一樣，無處不在。

4 到此，也許你會問：如果事實果真如此，那麼為什麼無法證明它呢？倘若這個原則是正確的，那麼為何我們難以得到我們想要的結果呢？其實不然，我們所知曉的正是我們想要的結果，這些結果與我們對原則的領會程度和運用能力是成正比的。試想，在沒有發現電的運行規律以及沒有人總結出運用電能的方法之前，你能獲得關於電本身的任何結果嗎？

5 它能夠讓我們和我們所處的環境建立起新的關係，它為我們打開了與環境對話的視窗，這種關係和視窗是我們與心靈狀態自然生成的一系列法則的前提和條件。

6 我們的精神是具有能動性的，這一理論有著堅實的基礎。精神存在於萬物的本質中，但這種能量並非產生於個體的存在之中，而是產自宇宙精神之中，因為宇宙是萬物的本源和初始狀態，其中的每個個體都是宇宙能量的承載者。宇宙可以利用它自身的能量創造各種組合，於是出現了不同的現象，而這些現象恰恰是通過個體方得以展現。

7 科學家利用科學的原理將物質分解為無限微小的分子，這些小的分子又被分解為更小的原子，這些原子又被分解為電子。在熔化金屬的過程中，在真空管中對電子的觀測證明了電子充滿了整個空間，這個事實有力地證明了電子無處不在，正是這種無處不在的物質佔據著我們生存的空間，它也是宇宙中各種物質的來源。

8 如果電子在組成物質的過程中雜亂無章，那麼世界就會充滿混亂，只有這種物質按照指令有序地組合到一起，世界才能規律地前行，而這種規律就是精神。我們知道電子圍繞一種核心的能量運動，這就構成了原子；而原子按照特定的比例組合，就形成了分子；這些分子又根據一定的規律相互組合，於是形成了多種化合物，這些化合物又構成了各種我們所見的物質的存在，於是有了我們的宇宙。

9 電子在人體內的運動好像細胞一樣，它們擁有各種精神和智慧，足以在人的軀體內完美運動。我們知道，人的身體由細胞組成，其中有些細胞是獨立運動，另一些細胞則是成群結隊行動。有些細胞主要忙於建立身體組織，另一些則主要是構成分泌物。有的幫助人體運送血液，有的幫助人體修復創傷，有的是身體的護衛者，阻擋疾病和細菌的進攻，有的是幫助人體清理垃圾。

10 人體不能少了這些細胞的運動，這些運動都有一個目的，就是使人體能夠正常運轉和生長。每個細胞不僅代表了微小的生命，還代表了智慧，同時它還被賦與為人體保存能量、延續生命的職能。因此，它必須獲得足夠的養分，人們發現，它們是有選擇地吸收養分的。

11 所有細胞都要經歷成形和分解的過程，並在經歷繁殖後最終走向死亡，生命想要獲得繼續，這個新陳代謝的作用是不可缺少的。

12 因此，精神蘊含於身體內的每個細胞，同時也蘊含於組成細胞的每個原子。這種精神是以負極的方式存在，而人們可以通過思考將其轉為正極，因此人們可以控制這種負極精神。

⑬ 所謂的負極精神，同樣也蘊含在身體的所有細胞中，它往往被稱作潛意識，顯意識無法察覺它的行為，而潛意識則可對顯意識做出回應。

⑭ 可以說，精神是萬物之源，而我們所表現出來的外在面貌是內心思想的產物。事物的自身只是一種短暫的幻象，而非萬物的起源。因為它們都是來源於思想，因此可以隨時被思想排除。

⑮ 人們的精神領域也在進行試驗，如同在自然科學的試驗一樣，每次成功的發現都使人類向更高的高度邁進。每個人的行為都是其所秉持的思想的反應，即他的思想在他的外貌、形體和性格上都有專屬於他的烙印。

⑯ 我們知道因果相循的道理，如果追溯其根源，我們就會發現它其實是起源於創造的原理。

⑰ 客觀世界是由能量所控制的，這種能量是肉眼所看不到的，並且始終無法解釋它的存在。我們一直以來都習慣於把這種能量人格化，也就是我們所說的上帝。然而，我們現在已經把它看作是遍及萬物的精神，即無限的宇宙精神。

⑱ 這種宇宙精神無所不在，於是我們也就難以回避以下結論——我們自身的存在也是宇宙精神的體現。

⑲ 如果你認識了潛意識這種精神資源，那麼你就認識了潛意識和宇宙精神的差異，即它們的能量大小是不同的，但它們的種類和性質卻完全相同。

⑳ 當你理解了這個事實，你就能把自己與全能者聯繫起來。人們所擁有的潛意識是宇宙精神和顯意識的連接點，顯意識可以有意識地引導人們的思想，而潛意識又可以通過思想來指導行動，這就很明白了，既然潛意識和宇宙精神是相融合的，那麼，潛意識的活動必然是無極限的。

㉑ 如果你能夠科學地領悟這個道理，那麼你就可以明白為什麼祈禱可以有那麼神奇的力量，這種奇妙的結果並不是因為上帝的眷顧，而是自然和宇宙法則的完美運行。其中，沒有任何神秘的或者所謂的宗教的力量。

㉒ 儘管如此，仍然有相當一部分人不理解這個事實——錯誤的思維會帶來消極的結果，他們不願接受這種極其必要的、正確的思維訓練。

㉓ 思想才是現實，境遇只是內在精神的外在顯現。一旦人們的內在思想發生了改

變，則外部環境也會隨之發生改變。因此我們要讓環境與其創造者保持步調一致，唯有如此，人們的行為才能與宇宙精神保持和諧。而外部環境的創造者就是——思想。

24 思想的力量是無限的，因此它必須保持明朗、清晰、堅實和確定。你不應該游移不定或隨波逐流，更不能進一步退兩步，同時也不要將你的全部精力都集中在消極思想影響下的消極環境上，否則，你將會被消極思想所控制，始終處於消極的環境中。消極的思想和環境一旦形成，便不會在很短的時間內就被正確的思維驅逐走。

25 倘若你為了改變自己的人生軌跡而進行這種訓練，那就一定要有意識地去探索宇宙精神的本質。要全面思考你的決定，並且不允許任何人干擾它。

26 這種訓練會讓你找到一個全新的自己，讓你的思想及心態轉變，既能讓你的精神世界變得充實，又能讓你的物質生活變得充裕。此外，積極的情緒還會讓你擁有健康的身體、崇高的靈魂以及和諧的環境。

27 本堂課的練習是：認真感悟「和諧」的真義。這裡所說的「認真」，主要是指意志力的集中，也就是需要你全神貫注，態度誠懇，直到沒有什麼可以影響到你，此時，你只知道「和諧」。不過，單單領悟了這些還遠遠不夠，你一定要學會將它用於生活實踐中。在這個過程中你一定要學會甄別，對於那些不能給你的生活帶來明顯益處卻又試圖影響你的東西，一定要堅決杜絕，不能讓它們進駐你的心靈，侵擾你的工作，打亂你的世界。

精粹問答

❶ 所有的智慧、才智和力量均來自何處？

來自於宇宙精神。

❷ 所有的物質諸如光、熱、色彩等均起源自哪裡？

起源自宇宙能量，也可以說是宇宙精神。

❸ 思想創造性源於何處？

源於宇宙精神。

❹ 思想是什麼？

思想是運動著的精神。

❺ 宇宙在形式上是如何實現分化的？

宇宙的組合產生了不同的個體，宇宙的組合也導致不同現象的發生。

❻ 這些現象的發生又是如何通過個體的思考來實現的？

個體通過思想的行為使其能夠作用於宇宙，這種作用使得宇宙精神得以彰顯。

❼ 一切事物的起因是什麼？

是精神。

❽ 思想改觀的結果可以帶來什麼？

帶來境遇的改變。

❾ 和諧的心態會帶來怎樣的結局？

和諧的心態帶來的是和諧的外在境遇。思想是一種非物質的存在，但同時它也是生命賴以成型的起源。

14:00～15:00

第15堂課

洞察之力

洞察力是我們潛在的一種重要能力，如果我們有效地利用它，眼光就能放得很遠。它能使我們在成功的路上預見困難、把握機遇。那麼，在困難到來的時候，我們便會有足夠的時間去做好準備。它還可以為我們提供選擇的機會，能使我們獲得更多的智慧，為我們的行動找到正確的方向，以免陷於沒有結果的歧途。

雅克·洛克博士是洛克菲勒研究所的成員，他曾經用寄生蟲來做實驗，結果發現即使是低等的生物體，也懂得如何利用自然中存在的原理讓自己生存。他準備了盆栽的玫瑰和一個封閉的空間，如果這棵植物枯萎，那麼這些寄生蟲將沒有地方吸取養料，但是這些寄生蟲不會在這樣的情況下死去，它們會發生變異，長出翅膀，並且可以飛離這個環境，去尋找適合生存的環境。這些小生物就是利用了宇宙創造的法則，從而使生命得以繼續。

這個實驗表明，全知全能的宇宙力量無所不在，即使是最微小的生命，也知道如何利用這種神奇的力量來使生命繼續。

接下來將會告訴你更多的法則。在這一章，我們會知道什麼樣的法則對我們有益，什麼樣的法則對我們有害。我們經歷一切，都是為了成就我們自己；付出多少努力，就會有多大的收穫。

精彩繼續

❶ 我們生活的世界處處存在著這樣或者那樣的法則，這些法則都是為了我們的利益而存在，這些法則是恆久不變的，任何人都逃不出它的作用。

❷ 偉大的力量都是在安靜中發揮作用的，而我們可以做到的就是讓自己的精神與宇宙的精神相一致，讓自己的行為同樣遵循宇宙精神的原理，那麼我們就能觸摸生命的

本質，獲得快樂的生命。

❸ 一切混亂和障礙都是我們錯誤思考的結果，或許是因為我們懷著自私的想法，或許是因為我們不願相信創造吸引法則的力量。

❹ 生長離不開新陳代謝，生長是一種互惠的行為，生長過程中，生物體不斷從外界吸取有利於自己成長的物質，因此，要獲得良好的環境，我們必須先奉獻我們所擁有的，這樣我們才能有所收穫。

❺ 如果我們吝於付出我們擁有的，那麼我們就不可能獲得我們所需要的。當我們開始意識到自己究竟想要什麼的時候，我們的思想就會有意識地控制我們的環境，使我們周圍的環境向有利於我們的方向轉化。於是，我們才可能獲得幸福。

❻ 獲取各種養分的能力，會隨著我們視野的擴大而得到提高。隨著這種能力的增強，我們就能更清醒地知道我們到底想要什麼。這樣，在前進的過程中，我們就會不自覺地吸引有利於我們的條件，進而避開那些不利的條件。

❼ 在前進的過程中，我們會遭遇各種事件，這些對我們都是一種挑戰。在我們能夠很好地利用和克服它們之前，困難和障礙就會成為我們最大的絆腳石。

8 因果相循的規律非常精確，我們為了目標付出多少努力，就注定我們的收穫有多少。

9 生命在成長的過程中會有很多不同的需求，這就要求我們要盡最大的努力去吸引那些有利於我們發展的東西，只有這樣，我們才能領悟自然的法則，並能夠有意識地利用它們。

10 由愛而生的思想會時時充滿生命的活力，因為愛是情感的產物，而情感又受到智慧和理性的控制，因此我們的思想在指導行動的過程中起著相當重要的作用。

11 愛可以賦與思想足夠的生命力，思想成長的條件就是愛，而吸引力法則就是愛的法則。吸引力法則為思想成熟提供了重要的條件，它也是思想的原動力。

12 思想的表現形態就是語言，因此這決定了話語的重要性。思想由話語表達出來，話語是思想的可見形式，通過你的話語，別人才可以了解你的思想。

13 思想在指導行動的過程中，會用各種方式彰顯它存在的意義。不論是怎樣的行為，都是不同思想的載體，要想得到有利的外部條件，就應該懷有積極的思想。

14 這樣我們就能得到一個結論：如果我們期望過好的生活，那麼我們首先就要想到好的生活是什麼樣子。話語是思想的表現形式，因此我們在談話時，就要有意避開那些消極思想，盡可能用樂觀與良好的心態表達自己。當這些行為成為習慣，我們周圍的環境自然會向著我們期望的方向轉化。

⑮ 由於我們無法抹去心靈所記錄的畫面，而運用語言的過程也就是圖像收集的過程。一旦我們的表達不合適，或者語言觸犯了我們所遵循的宇宙規律，那麼這種錯誤的圖像就會在我們的思想中成形，進而干擾我們的思想，導致我們的行為也出現不和諧的因素。

⑯ 生命的彰顯總是依託思想的清晰及情操的高尚。摒棄錯誤而低級的思想，語言思維圖像便會越來越清晰，生命的呈現也會越來越精彩。

⑰ 思想的表達是通過語言來完成，語言越清晰，表達得越順暢。如果要表達更深層次的規律或真理，我們就應深思熟慮，謹慎言辭。

⑱ 人類與其他動物得以區分的重要標誌是能否通過語言來表達所思所想。運用語言，不管是書面的還是口頭的，銘記了人類自身的漫長歷史，萬事萬物的資訊、經驗等，都可以儲存在人類的記憶裡。

⑲ 憑藉文字，我們可以和古今中外的任何偉大人物交流、傳遞思想。文字，恰恰就是宇宙精神作用於人類內心世界的產物，不僅記錄下了人類的活動和記憶，也記錄下了宇宙的寶貴精神。

⑳ 眾所周知，無形的宇宙精神和人類思想都是要尋求一定的表達方式的。而語言很好地完成了任務，成了精神與思想的客觀形式。夢想的實現離不開語言的表達，三思而後行，語言就會變得精練、準確。語言構造的建築是牢不可破的。

㉑ 語言或文字是思想的表達形式，思想具有的能量及擁有的無形力量，它都具備。

㉒ 語言是人類的思想殿堂，包容一切、容納一切。我們可以從語言或文字中找尋到知識、經驗、歷史等，語言的內動力是亙古充足的，永保活力的。

㉓ 語言來源於思想，語言的能量既是思想的能量，也是生命的能量。那怎樣的思想才是有生命、有活力呢？如果其中是有規律運行的，又該如何找尋到規律？

㉔ 真話有事實可循，謊言早晚會被揭穿。健康是生活方式及其他因素影響的結果，病痛則是違背健康原則的倒行逆施。富裕有富裕的活法，貧窮有貧窮的活法。

㉕ 我們如何才能確認哪些是正確的，哪些是錯誤的？不妨進行如下設想：真話

存，謊言滅；健康在，疾病除；富裕駐，貧窮消。有得便有失，失去的或放棄的能量一定會在其他方面得到補償。

㉖通過大量事實證明，有事實根據、符合規律的思想能夠永保活力，具有強大的生命力。也正因為如此，它能夠茁壯成長，並消除一切消極和沒有生命力的思想。

㉗我們應該培養自己的洞察力，洞悉一切，冷靜客觀地分析、觀察外在世界，如此便能夠使我們克服苦難，抓住機遇；使我們按部就班和穩妥地實施計畫；使我們端正思維，不至於讓思維誤入歧途。

㉘要想有所成就，洞察力是必須具備的能力。洞察力來自我們的內心世界，集中意念和專注思考便可獲得。

㉙本章的練習是：培養洞察力。找一個安靜的地方坐著，然後集中意念思考如下事實——意識到思想的創造力是否意味著我們已經獲得這種力量？行動取決於知識的運用，還是習慣或者是固有的思維？同時考慮這樣的事實：知識會不會自動消失，在於它是否有價值；沒有價值的、對自身無用的知識，就會逐漸被替代。就這樣慢慢思考，直到我們的思維集中在自身想要達成的目標上，並思考出切實可行的方案。

精粹問答

❶ 一切混亂和障礙源於什麼？

都源於我們錯誤思想的結果，要嘛我們是懷著自私的想法，要嘛我們就是不願相信宇宙法則的力量。

❷ 當我們開始意識到我們究竟想要什麼時，會發生什麼情況？

我們的思想就會有意識地控制我們的環境，使我們周圍的環境向有利的方向轉化。

❸ 思想的表現形態是什麼？

語言。

❹ 思想的彰顯遵循什麼？

愛的法則或吸引力法則。

❺ 人類與其他動物得以區分的重要標誌是什麼？

區別在於能否通過語言表達所思所想。

❻ 洞察力的作用是什麼？

能夠使我們克服苦難，抓住機遇；能夠使我們按部就班和穩妥地實施計畫；能夠使我們端正思維，不至於讓思維誤入歧途。

❼ 語言的作用是什麼？

它是人類的思想殿堂，包容一切、容納一切。不僅記錄下了人類的活動和記憶，也記錄下了宇宙的寶貴精神。

❽ 洞察力如何獲得？

它源自我們的內心世界，集中意念和專注思考便可獲得。

第16堂課

視覺化你的理想

生活需要我們用心去經營。你是否會把自己想像成是充滿潛力和魅力的獨特個體？你是否能夠做到閉上眼睛就看到火車飛馳在軌道上，聽到汽車發出轟鳴的引擎聲？倘若你的答案是肯定的，那麼你就可以放手去做更多的事，如此，成功將不再遙不可及。

衡量一個人的成功與否不在於他獲得了多少財富，贏得了多少人的讚譽，而是他怎樣利用他擁有的所有資本和他的能力來完成一件超越他自己的事情。任何一個成功的人都不是頭腦僵化、生活單調的人，相反，他會在各個方面充分運用自己的想像力，時刻保持著孩童般的求知欲和執著，工作疲憊時，想像達到目標時那種喜悅，用這種想像適時地鼓勵自己，不僅可以使疲憊的身體得以片刻放鬆，同時還可讓自己的目標變得更加清晰，如此，做事效率自然更高。

精彩繼續

1 財富不是目的，它只是成功的附屬品。

2 關於財富的定義如下：財富包括所有具有可交換、令人愉悅的物品，它不僅能帶給人物質上的滿足，還能帶給人精神上的享受。

3 財富帶給人的只是暫時的小快樂，而在追求財富的過程中，人們所秉持的信念和執著的精神力量才是持久而永恆的。

4 財富的交換價值多是體現在它是一種媒介，它能夠使人們在追求理想的道路上贏得真正有價值的東西。

5 決定一個人成功與否的重要因素是：是否具有遠大的理想以及這個人是否在為實現其理想而積極行動著。但凡渴望擁有成功人生的人，都一定要樹立起一個讓自己奮鬥的人生理想，並積極付諸行動。所以，擁有財富並不是人生的終點，而應當將其看作是到達人生終點的途徑。

❻ 普仁提斯．馬福爾德曾說：「大凡成功者都有至高的精神領悟和力量，他們的一切財富都來源於這種看起來飄渺但卻又真實的精神能量。」遺憾的是，有很多人並不了解這種能量，他們甚至不會去想，卡內基初到美國時窮困潦倒，他的母親甚至需要去給別人家做零活來維持家庭生計；哈里曼也不是富二代，他的父親只是一個年薪僅二百美元的小職員，全家人靠這微薄收入度日……他們都沒有一個可以依靠的富爸爸，但這並未牽絆住他們邁向成功的步伐。

❼ 心靈能量是創造力的源泉。它主要有以下三個步驟：1.理想化；2.視覺化；3.具體化。大凡成功者往往都具備這樣的能量。石油大亨、億萬富翁亨利．M．弗萊格勒曾在一次訪談中講到他成功的秘訣——看問題一定要全面。下面我們一起來看看他究竟如何運用「理想化、視覺化、具體化」這樣的精神能量。

❽ 當被問及是否向自己描述過事物整體的圖景時，亨利．M．弗萊格勒非常肯定地說：「是的，而且非常清晰。我能夠在閉上雙眼後看到火車在軌道上飛馳，能夠聽到汽車發出的引擎聲……」

❾ 思想可以作為原材料，它極具可塑性，好好地利用它能幫助我們構築人生圖

景。通過這個被視覺化了的理想圖景，我們便可以實現自己的目標。

⑩ 來得太早或者太過輕易就得到的財富，往往是不幸和災難的開始。因為，如果我們不具備足夠的實力去享有這些財富，或者滿足自己的蠅頭小利，那麼我們便很難將其永久佔有。

⑪ 我們在外部世界所遭遇的一切，都是我們內心對於外部世界的投射，這是相互對應的，這一點是由吸引力法則決定的。那麼，我們該怎樣篩選那些進入我們世界的東西呢？

⑫ 無論是視覺或是聽覺，又或者是從觸覺得來的資訊，凡是進入我們內心的一切，都會在我們的內心形成印記，形成一幅抽象的精神圖景，而精神圖景的具體化和深刻化，正是形成創造力的源泉。這些資訊大都是我們過去的經歷和體驗，其中難免有消極和負面的因素，因此我們要加以挑選和辨認。另外，我們還可以自己創造精神圖景，運用獨特的思維過程，諸如成長環境、個人體驗，等等。通過運用這種力量，我們便能做自己命運的主人，掌控自己的身心和精神。

⑬ 這種力量不但可以幫助我們獲得創造力，還能使我們思考的方式更加成熟，因

為如果我們對某個願景做了充分的準備，那麼也許這個願景已經在向我們招手了。因此，歸根到底，思想是指引一個人前進的靈魂。

⓮ 所以，把握思想就是掌控人生，就是扼住了命運的咽喉。

⓯ 那麼我們應該怎樣控制思想呢？需要怎樣的過程呢？當然是運用正確的思維來創造思想，更新思想了，只是思想的結果並非由思維來決定，而是由其性質、形態和生命力來決定。

⓰ 思想的形態取決於精神圖景的具象程度，精神圖景取決於心靈印記的深度、觀念的可行性、視覺的清晰度以及這幅圖景所要達到的高度。

⓱ 思想的性質取決於心靈的境界和組成部分。如果心靈的成分是勇氣、熱情、積極，那麼由心靈投射出的思想亦是如此。

⓲ 思想之所以生生不息，還在於思想的孕育過程極其複雜，並且具有創造性。如果思想是非常新穎的，就必將充滿活力和敏銳，它能夠不斷成長壯大，並會為自己的成長吸取所需的一切。

⓳ 如果思想充滿了消極成分，那麼它本身就會包含著自我瓦解的因數，則它遲早

會消亡，但消亡的過程中，它會給我們帶來很多預想不到的災難，如痛苦、疾病甚至死亡，從而破壞自身的和諧。

⑳ 這就是我們日常稱之為「惡」的因數，當我們遭遇這種「惡」的時候，有些人把它歸為外在環境不夠好，但是在這個過程中，起作用的還是我們的內在心智。我們的心智本身不具有任何對錯，它只是存在而已。這種內在心智投射到外部的世界，就顯現為人性的善良與邪惡，或者品德的高尚與低俗。

㉑ 因此，善與惡僅是較為抽象的概念，在一個人的表象之下很難看到，但是它們卻可以在人的行為背後給予指引，並在人的行動中表現出來。如果思想是有益於大眾、和諧的，則在其身上就會表現出善的一面；反之，就會展現出惡的一面。

㉒ 要展現一個與眾不同的自己，就需要經歷以下過程：在心中樹立一個目標，不斷為之努力，那麼這個目標就會越來越近，越來越清晰。不要受外界干擾，也不要理會他人的無視，你渴望的目標包含著你對自我的肯定，和世界對你的認同，那麼這個最後的終點就會在合適的時間和地點出現。

㉓ 或許，有時我們很難說清楚視覺化的力量是如何影響我們的行動，如何操縱我

們的性格、能力、環境，進而操縱我們的成就和命運，但這的確是科學事實。

24 你很快就會明白，我們的心靈狀態由我們的思想所決定，而我們的思想又會決定我們的能量和能力。在以後的經驗裡你就會懂得，隨著我們的體驗愈加豐富多樣，我們的人生就會綻放別緻的光彩。那是因為我們掌控著進步的鑰匙，懂得如何獲得前進的動力。

25 當你想要達到你所期許的成功時，為你的願望描繪一幅藍圖吧！充分發揮你的想像力，這樣你就會成為自己命運的主人。

26 受自身生物性的局限，我們只能看到客觀世界存在物體的圖景，卻看不到我們精神世界的圖景，而精神世界的圖景卻是我們思維的一個重要因素，它決定著思維的方式，並且幫助思維找到正確的構築方式。原因很簡單，視覺化的圖景具有直觀的效果，它在人們的感官系統上的作用也是不相同的。這種思維的過程就形成了思維運作方式，給心靈打上了深刻的烙印，就是這些印記形成了我們的觀念和理想，這些觀念和理想又形成了我們的計畫和藍圖——偉大的設計師就是這樣完成了卓越的作品。

27 據心理學家調查結果顯示：我們作為像物體一樣的客觀存在，在所有的功能裡，我們其實只具備一種功能，那就是感受的功能。明白了這一點，我們就知道為何一切力量皆源於感受了，為何一些人在情感的衝擊下會喪失理智，為何我們不能完全成為理性的人。可見，思想和感受是分不開的。

28 當然，想像中的視覺化要接受意願的指引。有利的視覺化想像是我們想要的，但我們絕對不能讓想像力主宰了我們的心智。想像力可以做為一個優秀的僕人為我們服務，也可以變成魔鬼讓我們身陷困境。除非我們很好地利用它，否則它就會使我們陷入不切實際的空想中，亂了我們的心智，使我們辨不清方向。

29 可見，我們必須得運用科學的方法來構築屬於我們自己的精神圖景。任何創造性的想像都可以讓人產生新的想法，但一定要遵循科學規律，按照科學方法去構築。如果你按照這樣的步驟，那麼你的每一秒都會得到有效的利用，你的每個決定都會得到證明。機遇和未來就會在與你擦身而過時被你準確地抓住，這就是人們所嚮往的遠見卓識。

30 本堂課的練習是：掌握好以下重要問題——幸福和我們的精神狀態有關，而與我們所佔有的物質無關。只有用心去創造，去體驗，去完成，才能獲得我們所嚮往的幸福。如果想要獲得那種超然的境界，就要關注我們的精神狀態，認清精神的本質，並徹悟我們與偉大的宇宙精神合而為一，這種領悟能夠帶給我們所渴望的一切。一旦我們達到了這種精神狀態，那麼我們的理想便會如同已經發生的事實，實現它便相對容易了很多。當明白了這些，我們就會建立積極的自我意識，從而可以更好地指引我們走向成功。人可以如塵埃或者泥土那樣渺小和普通，但只要你擁有了強大的精神力量和足夠的想像力，那麼你也能夠像金子一樣發光。

精粹問答

❶ 擁有財富需要奠定怎樣的基礎？

首先需要理解思想的創造本質。

❷ 財富的真正價值體現在哪裡？

它的交換價值。

❸ 成功的秘訣是什麼？

是精神力量。

❹ 精神力量的價值體現在何處？

運用。

❺ 如何把握捉摸不定的命運？

我們希望自己的命運是什麼樣子，就要運用想像力和行動力去實現它。

❻ 在個體生命裡最重要的是什麼？

是思想。

❼ 為什麼是思想呢？

因為思想是一種精神活動，是一種創造性活動，如果你能夠控制你的思想，那你就能控制你的境遇，你的條件，你的態度。

❽ 邪惡的源頭在哪裡？

在於思想的邪惡。

❾ 真善美的源頭在哪裡？

在於思想的向善。

❿ 什麼是科學的思想？

能夠幫助我們找到精神的動力和具有創造力的想像。

16:00～17:00

第*17*堂課

集中意念，凝聚力量

如果我們去問一個印度人他心中的神是什麼，那麼他往往會向我們描述一位部落首領；如果我們去問一個異教徒他心中的神是什麼，那麼他往往會說出很多，如河神，火神等；如果我們去問一個以色列人他心中的神是什麼，那麼他往往會說是摩西或者是約書亞，前者是「十誡」，後者為帶領以色列人攻城掠地者。

缺乏內心力量的人，不得不為自己尋找外在的偶像，然後向它頂禮膜拜，然而，對於他們中的個別智者而言，他們只不過是將這些所謂的偶像當作精神支點，並用這種視覺化的外在形象作為自己的信仰以寄託自己的靈魂。

人們心中的神各有其特點，只是時至今日，人們心中的神已經化為各種具體的充滿著物質意味的集合體，比如財富、權利、地位、習俗、時尚，等等，很多人開始推崇它們，甚至會將所有的意念都集中在它們那裡，而它們也便在眾人的心中得以具體起來。讀了這一章，你便不會把表象錯當成現實，從此，你將會更多地關注事物的「因」，而非只在乎事物的「果」。你將會把注意力放在生活的現狀上，所以，結局也往往會令你滿意。

精彩繼續

❶人類可以支配萬物，並且這種支配是以精神為基礎的。精神的力量是最純粹的，也是在現有力量中最強大的。對某些人而言，如果他們認識到了精神力量的超越性和獨特性，那麼他們就能輕易地完成他們想要完成的事，此時，外界的一切阻力都無法發揮作用。

❷我們習慣於透過自身去看待宇宙，我們關於人、神觀念的思想也恰恰源於這些經驗，但是真正的思想只有通過獨立的思維過程才能完成，這種過程需要強烈的動機和觀察力，並且只有這種力量能夠讓我們有足夠的熱情。

❸思想會不間斷地、平衡地流動，也就是持續地集中意念，其形成需要一定的條件，即要在一個穩固、堅定、有序、持久的體系下才得以完成。

❹只是集中意念總會被人誤解，眾人似乎都有這樣一種看法：集中意念就是將自己的注意力都集中在一件事情上，實則不然。一個演員之所以成功是因為他能夠入戲，

在扮演角色的過程中渾然忘我，與戲中的角色合而為一，用真實而生動的表演打動觀眾的心，這就是集中意念。你應該將心完全專注在你所做的事情中，以至於忘卻其他所有與你想要做的事不相關的事情。如此，你就能獲得專注力，引發直覺的感知力和敏銳的洞察力，從而透過表象直接去探究事物的本質。

5 一切成就均為集中意念的產物。如果我們了解了人生和世界的奧秘，那麼我們的心靈便會在這個過程中被歷練成為一塊磁石，你擁有的成功渴望就是難以抗拒的磁力，吸引著各種有利於你成功的人、物、事，從而成為你取得成功的動力。

6 渴望多為潛意識。顯意識的渴望往往是暫時的且容易實現的，而潛意識的渴望卻能夠激發人的心靈，給人足夠的勇氣和信念，使困難得以順利解決。

7 集中意念可以激發強烈的信念，並由此引導它找到行動的方向；利用它，我們的意圖便得以實現。集中意念在實現的過程中，會不自覺地控制精神活動，因此一切意識存在的模式，不管是物質的還是精神的，只要擁有正確的潛意識，那麼一切問題都將在我們的掌控之中。

8 控制因素在於潛意識的指引方向，正確的潛意識能夠使我們擺脫安逸的想法，繼續為我們的前進提供精神的支撐。

❾ 集中意念並不是指單純的某些想法，而是指將這些想法轉變為實現的過程。很多人難以了解集中意念的真正意義是什麼，總是有人說要得到什麼，然而他卻不說如何去得到。在這個過程裡，如果潛意識受到了錯誤的指引，那麼結果可能就會偏離他所期待的方向。因此我們要不斷訓練自己集中意念的能力，而不能只憑自己一時的衝動和熱情，那樣結果也會不盡如人意。

❿ 有時我們的夢想很高，目標很遠大，但想要飛翔卻沒有翅膀。這時我們不應垂頭喪氣或者一蹶不振，而應為我們的翅膀插上足夠的羽毛，讓飛翔的力量更強大。

⓫ 懦弱是取得精神成就的唯一阻礙。你的軟弱可能來自於對於未來的不確定和對於周邊環境的陌生感，不要憂心也不要焦慮，潛下心來，踏實地想自己究竟想要什麼，從哪裡做起，明確了自己的方向，就會充滿能量。

⓬ 正是因為天文學家們把他們的注意力集中在研究天象之中，於是他們發現了天體的奧秘；地質學家把全部的注意力集中在地下岩層構造的研究上，於是他們開創了地質學。同理，因為我們把全部的注意力集中在社會交往和生活問題上，於是有了今天繁

雜而龐大的社會結構。

⑬所有的精神發現和精神成就，均是人們渴望與意念集中的結果。因為渴望是一種強大的心理意念，它的熱切持久會帶來對問題探索的準確無誤。渴望與意念集中的結合，使得我們更容易去揭秘自然。

⑭在某一個時間段將自己的意念高度集中起來，加上對於目標和夢想的持久渴望，便會遠遠強過經年累月緩慢而被動的努力。因為它能打開軟弱和無力的鐐銬，令人體驗到征服的喜悅與滿足。

⑮在意念形成的過程中，可以培養出很多優秀而持久的美德。心靈在你的專注活動中緩慢而穩定地成長，從而提升精神活動的效率。其中，最為關鍵之處在於人的心靈獲得了成長，如此，使得精神不至於在毫無準備的情況下，受到突如其來的干擾和本能衝動情緒的侵襲。可以說，心靈的成長過程是一種勝利，是一種自我由低層逐漸邁向高層的勝利。

⑯如果你將注意力的重點放在你所期許的事情上，那麼直覺的力量就會逐漸顯現出來，也就是所謂的靈感。當你擁有了足夠的積累和觀察，佔有了大量的相關資料，付

出了足夠多的努力，那麼，你就具備了被它幫助的資本，它會教你如何獲得成功。

17 直覺是一種潛藏的不容易被發覺的意識。當直覺發揮作用時，用理性是無法解釋的，直覺常常在不經意的時候出現，令人驚喜萬分。直覺往往會在我們窮途末路時，給我們柳暗花明的希望。然而直覺並不是天生的，它是可以慢慢培養和開發的。為了培養和開發它，我們需要了解什麼是直覺。如果直覺突然拜訪你，你以熱情的心來善待它，它就會常常照看你。但如果你對它的到來毫不在意，那麼它就會遠離你。

18 直覺常常是在「寂靜」中獲得的。偉大的心靈常常是寂靜無聲的，它能聽見塵埃飛舞，它能聽見樹葉飄落，它能聽見時光遁走。正是在這種靜默和沉寂中，它的思想不斷凝結和昇華，於是許多人生中的重大問題得以解決。因此我們需要在飛快的節奏中找到屬於自己的休止符，再忙也要分出一些時間來獨處，在那段時間裡，如果我們能夠很好地利用它，那麼我們就能獲得一種巨大的能力，讓我們無論遇到什麼問題都能處之泰然。

19 從根本上說，潛意識的力量是巨大的，它所帶來的力量是無法估量的。如果你的願望是推動社會進步的，是符合時代發展潮流的，那麼潛意識會解放你的心靈，同時賦予你更多的想像力，給你戰無不勝的勇氣和信念。

20 你取得的成就越多，跨越障礙的次數越多，你就會獲得越多的力量和自信。以後當人生遇到更大的挑戰時，你就會處理得遊刃有餘。你的經驗取決於你的精神狀態，如果你充滿了不屈不撓的信念，那麼即使在荒漠裡也能開出燦爛的鮮花。

21 只要你不斷追求和完善自己的心靈，它就會在客觀世界給你回應。當你明白了自己想要的東西，那麼內心潛在的力量就會激發你，讓你更懂得如何在外部世界創造所需要的條件，為成功之路鋪上一塊墊腳石。

22 也許你認為自己一無所有，也許那些看起來閃耀的東西你望塵莫及，但只要你具備足夠的智慧，你的方向足夠正確，並且充分利用心靈的力量，那麼成功一定會找上你。

23 來得太輕易的財富不能持久，來得太輕易的名譽只是過眼雲煙，只有我們腳踏實地，一步步努力，一點點付出，並且明白如何看待這些我們已經得到的或者將要得到的財富和地位，我們才會懂得人生的真諦。

24 金錢是財富的符號，名聲是榮譽的符號，這些符號只會讓那些急功近利的人迷失自我，陷入不可挽回的絕境。而對於真正的智者來說，他們看到的是符號背後蘊含的深刻意義，並能利用自己的智慧一點一點豐富自己的內心，他們追逐的是符號背後的意義，是永恆的宇宙真理。

25 思想的力量是無窮的，它常常會帶動外部世界的變革，但如果你將思想轉移到關照內心的領域中來，利用思想就可以把握周圍事物的準則，於是你就能夠領略到萬事萬物的規律和核心精神。

26 這是因為事物的規律和精神是永恆的，是無法更改的，是它的核心部分，它的真實存在就在於此，反之，它的外部形態只是暫時的，是變化多端和捉摸不定的。

27 倘若你渴望消除內心的恐懼，那就務必把你的意念集中在獲得勇氣上；倘若你渴望消除境遇中的匱乏，那就務必把你的意念集中在獲得財富上；倘若你渴望消除身體的疾病，那就務必把意念集中在獲得健康上。

28 永遠將你的注意力集中在你的夢想和目標上，每天沉思你的使命和指導準則，那麼你在生活裡就會變得冷靜、沉著、自信、積極和樂觀。正是這種優秀的內在品質和積極的態度，讓你在外部世界擁有了充滿吸引力的個性，且這是誰都無法拿走的，是專屬你自己的一筆寶貴財富。

㉙ 本堂課的課後練習是：努力地放鬆，擺脫精神的緊張，然後花幾分鐘將你的注意力完全集中在某個具體的、令人愉快的、平靜的事物上。它可以是任何東西，比如一幅畫，一件擺設，一盆植物，一部電影，一次旅行……這個過程裡你的頭腦將會變得清醒，變得開放，變得更具接受力和創造力。

精粹問答

❶ 怎樣才能有效地集中意念？

除了你的夢想和目標，什麼都不要看、不要想，排除一切充滿引誘的東西。

❷ 集中意念會得到怎樣的結果？

可以觸發看不見的力量，會帶來與我們內心的堅持所對應的外部境遇的改變。

❸ 這種思想方式由什麼決定？

精神原理。

❹為什麼由精神原理所決定？

因為我們的行為和思想要與宇宙和自然的法則相吻合。

❺集中意念有什麼樣的實際價值呢？

思想可以轉化為行動，而行動決定了我們的成功。

❻在一切自然活動中，起決定性作用的是什麼？

精神因素。

❼這個結論的原理是什麼？

因為思想是一切行為的動力來源，是行動的創造者和決定者。

❽集中意念是如何形成的？

通過發展感知的能力，比如提升智慧、直覺和敏銳的程度。

❾為何直覺高於推理？

因為在許多情況下，主體並不能僅僅根據所面臨的實物、符號或情勢做出上述直覺的判別來。外界所提供的資訊不充分，具有許多空白點，單憑這些有限的資訊很難做出判斷，這就需要求助於想像和猜測，才能形成一個大致的判斷來。

17：00～18：00

第18堂課

左右生活的終極力量

你付出什麼，你就將得到什麼。無論你的夢想是什麼，只有播下種子才能結出果實；而我們能收穫什麼果實，取決於我們播種了什麼。如果我們懷有消極思想，那麼只能收穫無望的結果；如果我們懷有積極思想，那麼我們就能收穫成功。

為了生存，我們必須獲取有利於我們生存的東西，這一點是由吸引力法則決定的。而正是由於這一法則的存在，才使我們與宇宙分別開來。

可以想像一下，如果一個男人既不是丈夫、也不是兄弟，如果他既不關心社會發展、也不關心政治情況，那麼他就只是一個理論上的個體，除此之外，他什麼都不是。由此可見，一個人的存在，正是在於他和周圍環境的關係，在於他和周圍人的關聯，在於他與社會的聯繫，也正是這種聯繫構成了他所生活的環境，這種聯繫是客觀的，不是主觀臆斷出來的。

毋庸置疑，個體是宇宙精神的一種分化，而其中所謂的個體化或人格化，就是我們中的個體與整體相互聯繫的方式。而這種相互聯繫的方式，我們就稱其為環境，這種環境就是由吸引力法則所主導。在這一章，我們將重點探索這個問題。

精彩繼續

1 主導這個世界發展的思想總是在不斷變化，這是異教衰亡之後，發生在思想領域中最為重大的思想變革，而這種變革仍然在繼續著。

2 現在正在上演的這場革命，正改變著不同地域、不同種群人類的觀念，從最上層生活優渥的人群，到最底層貧苦的勞動階級，這種現象在人類歷史上是空前的。

3 現如今，科學成就層出不窮，不僅揭示出無數種未來的可能，還展現出諸多神秘的力量。科學家們發現：肯定一種理論越來越難。他們把這個現象稱為定規定法、不容置疑，同時他們也發現極難徹底否定某些理論，於是他們把這種現象稱為荒誕不經、絕不可能。

4 於是一個新生的時代就這樣開始了。理想、信念與希望的時代來臨，人們的思想開始甦醒，並且正發揮著巨大的作用；真理也以它乾淨而嚴肅的輪廓展現在人們面前。

5 宇宙正處在一種革新的臨界點，新的力量和思想將會統治這個宇宙，這種力量和思想就是來自我們內心的精神作用，它將會通過我們對於自我的全新認知而獲得重生。

❻ 在物理這個領域中，科學家們把物質首先分解為分子，然後再把分子分解為原子，之後把原子分解為量子。安布羅斯．佛萊明的觀點是，對人類來說，剩下的事也是最重要的事，就是把能量分解為精神作用。他說：「能量，就本質而言，只有當它轉化為我們所說的『精神』或『思想』的抽象狀態時，方可被我們所理解。」

❼ 在我們內心潛藏的終極能量就是我們的思想，它無處不在，不僅存在於物質中，同樣也存在於心靈中。

❽ 宇宙中的萬事萬物都靠著這種全能的思想而生存。研究發現，人類個體所表現出的差異，大部分是由他們在何種程度上參透這種全能的宇宙智慧來決定的。也正是這種智慧，使動物脫離了低等的植物世界，又使人類脫離了低等的動物世界。這種智慧表現在人類身上，就是我們每個人控制自己的行為模式，以及按照周圍的環境來調整自己行為的能力。

❾ 世界上所有卓越的心靈都重視這種調適的過程，所謂的調適也是對於宇宙精神的一種認知。我們都明白，只有當我們真正理解了宇宙的精神所在，我們才能夠自如地

運用精神的力量。

⑩我們生活在自然中，對於自然法則我們認識得越深刻，就會利用得越充分。比如我們可以利用飛機在藍天翱翔，利用小船在水面漂浮，還可以把自然的能量轉化為我們需要的能量。我們擁有的智慧越多，就能夠更好地運用這些自然法則。

⑪正是因為人類明白自我存在是宇宙精神的個體表現，因此，人類就能夠控制不理解宇宙精神的人。他們不理解宇宙精神的強大之處，他們也不理解如何對自我的需求做出回應，這樣他們就會漸漸喪失行動力，從而被客觀條件所操縱。

⑫精神是具有能動性的力量，這一原理建立在合理可靠的基礎上，萬事萬物的存在正是這種力量的彰顯。這種無所不在的創造力並非來源於人類個體，而是來源於宇宙中。因為宇宙的力量是強大的，它的精神是無所不在的，人類個體只是宇宙力量的分流而已。

⑬個體通過宇宙的作用發生了各種各樣的組合，因此就有了各種不同現象的發生，這些現象的發生都遵從振動原理。而所謂的振動原理，就是不同的物質所表現出來的振動頻率是不相同的，但通過宇宙的作用而出現的新的現象的振動頻率卻是相同的。

⑭ 思想的作用就是把不同的領域連結到一起，比如個體與宇宙、有限與無限、有形與無形。在這個過程裡，人類獲得了感覺、知識和行動的力量，從而變得更加強大。

⑮ 我們可以憑藉著人類創造出的儀器看到幾百萬英里以外的世界，同樣，如果我們合理地利用我們的領悟力，便能獲得宇宙精神的指引。

⑯ 人類現在正在著重探索地球以外的其他星球，這時如果沒有高科技的望遠鏡是難以做到的。科學在不斷發展，更準確更精密的儀器正在被製造出來，人們借此將能更好地探索太空世界，將人類的宇宙探索推到一個更高的階段。人們對於宇宙精神的領悟過程也是如此，隨著人們對於宇宙精神的深刻認知，那麼對於它的理解就愈加透徹。

⑰ 客觀世界的吸引力法則，因為宇宙精神的作用而得以彰顯。每一個微小粒子都對其他粒子產生著無窮的吸引力，萬事萬物都離不開這種吸引力法則，它們正是通過這種吸引、結合的力量相互聯繫在一起。

⑱ 我們所熟知的生長力就由宇宙精神原理表達。毫無疑問，這種表達是最為全面和完美的。

⑲ 我們存在於這個世界上，為了成長，我們必須具備成長所需要的條件。但我們

是一個完美和完整的個體，如果我們想要獲得或者接納新事物，我們就必須付出；因此，成長的過程是一個互惠互利的過程。我們了解到，在精神領域裡，只有同類事物才能相互吸引，而精神的振動只對那些與它們和諧一致的頻率做出回應。

20 很顯然，假如我們懷有富足的想法，那麼這些類似的意念就會給我們回應。人們的外在表象總是與他們的內在相一致，如果他懷有財富的渴望，那麼他才能獲得財富。人類的真正財富在於一個人生產財富的能力，如果一個人源源不斷地付出，那麼他的收穫也將是無限制的。

21 那些對人類有卓越貢獻的人，比如金融大亨、政治領袖、律師、發明家、作家、醫生等，他們最具價值的就是他們所懷有的思想，他們用自己的思想改變了人類的生活。

22 思想是一種巨大的能量，它借助吸引力法則運行，它的最終作用在於帶來外在世界的富裕。

23 宇宙精神是一種平衡力量的物質，我們的思考行為使宇宙精神得到分化，而思考的過程是一種動態的過程。

24 力量的運用取決於我們對於力量的認識程度，如果我們不懂得去運用力量，那麼我們就會失去力量。但如果我們不認識力量，又怎麼去運用它呢？

25 意念的集中取決於對精神力量的運用，我們獲取知識的能力又是由意念的集中程度所決定，而知識不過是力量的代替。

26 天才的一個最大特質就是意念的集中，而這一能力是可以通過練習和實踐來培養的。

27 興趣便能夠讓人的注意力集中。你越是對一件事物感興趣，你越是能夠集中你的注意力；而你的注意力越集中，你的興趣就越大，這就是作用和反作用的結果。所以我們可以先從集中注意力開始，這樣你的興趣就會被慢慢點燃。按照這樣的方式，不斷練習，就可以讓你的注意力迅速提高。

28 本堂課的練習是：請你把注意力集中在自己的創造力上，努力探索你身上潛藏的洞察力和感知力；為你的思想找到運用的出口，讓你的思想集中在這樣一個事實上：人類個體的生存、行動需要氧氣來維持，必須通過呼吸的動作才能維持我們的生命。接下來，讓你的思想再集中到下面這個事實上：我們的精神想要獲得生長和完善，就需要不斷吸收一種更微妙的能量，才能繼續它的作用。在自然界中同樣如此，如果沒有播種的行為就沒有生命的出現，結出的果實也絕對不會比它的種子高一個等級；在精神世界中也是同樣的，只有播下種子才有收穫，而結出什麼樣的果實則取決於所播種子的性質。所以，一切的外在境遇都在於你對這種因果循環法則的透徹領悟。

你要時時告訴自己：「在我的心靈中沒有守舊的思想，一切新的想法都會迅速轉化為能量，讓它們成為種種實現目標的方式、手段。」

精粹問答

❶ 如何衡量個體生命的差異？

通過生命中彰顯的才能來衡量。

❷ 要秉持什麼樣的法則才能獲得所期望的才智？

通過個體化的自我認知。

❸ **創造力最重要的源泉是什麼？**

宇宙。

❹ **宇宙是如何發揮內在的力量？**

通過個體來發揮其內在的力量。

❺ **個體和宇宙之間是如何建立起聯繫的？**

二者通過思想聯繫起來。

❻ **生長法則是怎樣表現出來的？**

通過互惠行為。個體和自然是相聯繫的，我們付出了什麼，就會收穫什麼。

❼ **我們最應該付出什麼？**

是思想。

❽ **我們能夠獲取什麼？**

還是思想。思想依循能量守恆法則，只是由於我們的思想千變萬化，因此我們的思想的表現形式各有不同。

18：00～19：00

第19堂課

知識的力量，讓思想發光

一個人不能被運氣左右，應該利用自己的力量掌控命運，而知識恰恰就是這一切的決定力量。人們把識別萬物實體與性質的方法與過程定義為知識，你掌握了越多知識，那麼你就會越來越接近真理；如果你的思想總被恐懼填滿，那它就會陷入癱瘓的狀態。

恐懼是一種負面情緒，它可以麻痹中樞神經，可以影響血液循環，與此同時，這些反應又會反過來影響人體肌肉系統的運轉。可見，恐懼會影響整個生命狀態，在恐懼的籠罩下，創造力和智慧都難以發揮，還會讓精神處於高度緊張狀態，讓注意力無法集中。

當然，恐懼也是可以戰勝的。戰勝恐懼的方式就是獲取足夠的力量，那我們就需要知道所謂的神秘力量是什麼，如此我們才能尋找到力量的源泉，從而讓力量賜予我們更多的勇氣和信心。

如果我們認清了生命是什麼，那麼它就會以一種正確的態度迎接生命的彩虹。其實，生命力的運行規律也是如此，如果我們能夠正確地掌握生命力的內涵和特質，那麼我們對自身就能有一個更好的了解，就能充分地避開不利於我們的條件，取得我們想要的成功。

本章將闡述一個極其簡單的方法，教我們如何獲得這種生命潛能，並且教會我們如何將獲得的潛力付諸實踐，從而找到自己的力量，進而實現自己的目標。

精彩繼續

❶ 人們在探索真理的過程中，不是盲目地、不假思索地囫圇吞棗，而必須是一個充滿理性的過程，是與人類思維邏輯過程相符合的。在這些經驗形成的過程中，意識會給我們足夠的指引，讓我們在明確方向的指引下更大膽地向前。

❷ 所謂探索真理的過程，即為探索萬事萬物終極動因的過程。如果我們按照這一

原則去實踐，有意識地控制它們的成因，那麼我們所遇到的一切經歷和境遇，就都變成了可掌控的了。

3 萬事萬物都有它們自己的運動規律，但它們彼此間並不是獨立的個體，而是時時處在各種聯繫中，並且在條件成熟的情況下又可以相互轉換。

4 雖然物質世界是統一的，但在物質世界中卻有著各種對立面，這些對立面隨處可見，比如有北極就有南極；有內就有外；有我們肉眼能看到的東西，也有我們肉眼看不到的東西。所有這些現象都是與對立面共存的一種方式。

5 事物的對立面不是截然相反的，而是相輔相成，不可分割的。它們是事物客觀存在的狀態，是一種無法被消滅的真理。

6 在道德世界中也存在著同樣的規律，我們日常談論的善與惡都有其各自的真實，這是在道德世界普遍存在的一種狀態，缺乏惡，無法衡量什麼是善，同理，缺乏善，也很難定義惡。因此，善與惡是兩種對立的力量，依附在人們的價值觀裡，人們通過這種對立關係來確定他們所要遵循的道德原則。但是能夠主導人們價值觀的力量只有一種，那就是善的力量。

7 我們的精神世界也存在著同樣的道理。當我們說到物質和精神，許多人都認為物質和精神是對立的，其實不然，物質和精神是我們精神世界的客觀存在物。支配人們的信念和追求的，一方面是附屬的物質，但更大的力量還是來自精神作用。

8 只要你學會激勵精神的方法，精神力量是無窮無盡的。物質的變化非常快，在茫茫歷史的長河中，物質只是一個時代的印記，時代不斷在更新，相應的，不符合歷史發展的物質終歸會被淘汰。然而，後人在前人存留的物質中卻可以發現一脈相傳的精神圖騰，這種貫穿於整個歷史長河的力量就是精神，它能夠讓人類每個孤獨的個體在思想的境界中找到歸屬與共鳴。

9 這樣的法則在動物世界也是存在的，每個生物個體的存在都是短暫的，它們無法知曉生命的精髓，只能按照本能走到生命的終點。在植物世界就更變化多端了，也許一株植物的生命只是一個夏天，而明年又會有新的植物生長出來。在看似不變的山川與河流中，我們看到的也是出生和消亡，是滄海桑田，是風雲變幻，巍峨的高山會在自然的力量下被夷為平地，一段巨大的峽谷也會在地球的板塊運動過程中被填滿。

10 這一切都不過是宇宙精神的演變過程，萬事萬物都在這個過程中不斷更新、進化、發展成更高級的生命個體。我們已經了解，物質均為精神借用的一種形式，其本身並無法則可言，精神法則才是其唯一原理。而貫穿宇宙最根本的法則就是精神法則，它是物質、精神、道德和心靈世界的根基，只有強大的精神力量才能讓生命綻放耀人的光彩。

⓫ 我們需要不斷補充自己的力量，那麼力量來源於哪裡呢？身體力量源於食物，精神力量則來源於知識。一個人如果拒絕了食物，那麼他的生命最基本的需要就不能滿足，同理，一個人如果拒絕了獲取知識，那麼他的思想便難以放光。

⓬ 如果我們要把電力轉化為人類可用的能量，便需要一定的技術轉化；如果要使植物正常生長，就需要陽光給它充分的能量。同理，人類思考的力量來自宇宙和自然的能量，宇宙能量能帶來的就是人類身體的健康和精神的矍鑠。

⓭ 萬事萬物都源自原始能量，原始能量是宇宙的生命之源。客觀的世界從不是無聲無息的，它一直在努力尋求一種表達自己的方式，並且通過各種方式釋放自己內在的力量和特質。如果你的思想是積極的、進步的、富有建設性的，你的生活狀態、健康狀態和事業狀態也是積極向上的；反之，如果你的思想總是保持負面的狀態，是軟弱的、

破壞性的，那麼它同樣能在你的身上表現出來，它所能帶給你的將是恐懼、不安、壓力和緊張的情緒，讓你的生活陷入一種失衡狀態。

⑭財富是力量所帶來的，只有被正確運用時財產才具有開發的價值。所有的事件只有當它們具備強大的影響力時才能被人們所察覺，這就是力量的所在。

⑮因果循環的道理在很多領域都有體現，比如蒸汽、電力、化學等，它能夠讓人無畏地制定並執行計畫，並且能夠取得更為巨大的成就。自然界中存在著一種統治的力量，這被稱作自然法則，但並不是所有的能量都來源於自然物質，也可能來源於精神能量，也就是心靈或者心理的力量。

⑯我們生活和學習過的學校，都是我們用來增長知識、積累心靈能量的地方，我們運用積累的能量開發更多潛力，讓我們獲得更多的智慧和信心。因此我們要學會兩點：1.要堅定信念；2.要將堅定的信念轉化為前進的動力。

⑰那些龐大的機器能夠運轉，是因為人類發明出了各種機器將自然的力量轉化為我們可以利用的能量。同樣，我們的精神能量也需要以各種方式轉化為可以激勵我們的動力，而這個過程就是我們通過學習不斷提升自己、完善自己的過程。

18 對於成千上萬的精神工廠來說，注意力和精神集中是最重要的基本素質。如果想要得到出色的成果，就需要不斷培養注意力，飄忽不定的思想並不能克服思維障礙。這種力量能夠激起人類強烈的欲望，喚醒人類生命的種子，能夠超乎一切，在更高的層面上給人類指引，讓人類發現那些自然法則，並驅使人類利用它們，從而取代上千人的辛苦勞作。人類因此能夠不斷進步，不斷跨越生命的鴻溝，與宇宙對話。

19 我們的思想是一種蓬勃向上的內在力量，它也是一種正在發展中的能量，知識則是讓我們的思想發光的推進器，它使我們的思想更好的服務我們的生活。

20 當我們通過學習知識了解到一切事物的表象都是虛假的，我們就會以更加合理的姿態投入我們所愛的一切。通過對知識的掌握，我們了解了地球不是方的，不是靜止不動的；天空並非是巨大的穹廬，太陽也並非繞著地球運行；繁星並不像我們肉眼所見的那麼小，它的光芒也並不微弱；物質不像我們所認為的那樣固定不變，而是處於恆動的狀態中……

21 了解了這一切，我們才發現我們所看到的世界遠比我們所想像的世界要複雜得多，但如果我們能充分地了解宇宙的概念和含義，真正地明白知識對於人生的重要性，那麼我們的人生之路就會變得寬敞而明亮。求知的欲望和思想終究會讓我們在探索終極意義的過程中豁然開朗。

㉒ 本堂課的練習是：主動求知，因為知識能夠強化你的信念；運用知識，因為知識可以幫助你獲得強大的精神力量，從而加快你走向成功的步伐。

精粹問答

❶ **何為兩極？**

它們都被人類賦與極獨特的名字，如，光明與黑暗、內與外、善與惡、美與醜等。

❷ **兩極是獨特的實體嗎？**

不，它們只是一個整體的組成部分，或者不同的方面。

❸ **在物質、精神和心靈世界中存在著怎樣一個原理？**

宇宙精神，這是一種永恆的能量，此乃萬事萬物之源。

❹ **創造性法則對我們的生活有什麼影響？**

它會影響我們的思考能力，進而影響我們的決定。

❺ **這種創造性法則是怎樣運行的？**

在這種法則中，思想居於中心地位，思想引發行為，行為產生結果。

19:00~20:00

第20堂課

不願「勞心」，就得「勞力」

「勞心者治人，勞力者治於人」，曾指的是社會分工的問題，現在指的是生命的態度。如果我們願意付出，那麼我們就是勞心者；如果我們不願意付出，那麼我們就會成為勞力者。在這個過程裡我們學會了成長，學會了如何將自己的潛力充分發揮出來，就是所謂的「想得少，就做得多；想得多，就做得少」。如果我們一心嚮往善良和富足，那麼就會被一切正面的力量所眷顧，成功的路上便滿是鮮花和掌聲；但如果我們選擇了懶惰和倦怠，那我們就會嘗到痛苦的滋味。

當思想創造力創造出有益於人類的結果時，我們就把這個結果稱為「善」；當思想創造力創造出有害於人類的結果時，我們就把這個結果稱為「惡」。這就是善惡的區分，它是人們用來描述結果的詞語，而這種結果也是思考過程的產物。思想決定著我們的行動，而我們的行動決定著我們的成敗。

精彩繼續

1 精神是一種抽象的存在，是固定的，永恆存在的。你的精神就是你區別於別人最大的特點，沒有了精神，你將不能從事任何人類的高級活動，你越是能夠很好地利用精神，就越能夠開發你的潛力。

2 也許你擁有很多財富，比如名譽、金錢等，但如果你不知道這些財富的存在及意義，它們的存在對你來說就是累贅。精神方面的財富也是一樣，如果你不認識它、不會運用它，那麼它的價值就不存在了。只有認識並運用精神力量，才能獲得它。

3 歷史長河中有很多偉大事件，這些事件都是通過認知得來的，意識是能量的主宰者，思想是力量的原動力。它能通過內在世界改變外在世界的境遇。

4 人生是一個不斷思考的過程，思考的結果就是獲得知識和力量。人的一生都離不開這種神奇的精神魔力，倘若你對這種力量視而不見、聽而不聞，那麼結果是可想而知的。

5 結果就是你將成為別人的勞役，你的才智和潛能得不到發揮，還會受到各種各樣的阻撓和困難，從而讓你的生活陷於困頓與痲木中。

6 力量的神奇之處在於，讓你對精神、能量、方法能夠很好地了解和運用。如果你了解了人類精神和宇宙精神的關係，那麼你在面對困頓時就能夠坦然相待。這個規律無處不在，並且是難以改變的。

7 這種法則或規律的外在表現，就是你人生中的機遇。宇宙精神只有作用於個體才能夠發揮能量，並且通過這種能量讓你的人生充滿驚喜和轉折。

8 當你懂得了宇宙精神的本質，你就看到了內心的力量，宇宙精神就是你的身體和精神，這時你就可以真正地行動了。你會依靠自己的力量改變自己，讓你的想像力點燃你激情的火炬。這種能量具備足夠的能力，讓你的思想充滿活力，也是這種思想給你指引，讓你擁有勇氣改變你所想要改變的。

9 唯有「寂靜」才能獲得這種感知力，保持清醒的思想，並時刻關照它，這是你理性的標誌，內心靜默是構建夢想藍圖的起點。你是實行想像力的實體，而你的精神世界是你計畫的工作室，一切的宏偉藍圖都成形於此。

⑩理解了這種力量的本質，你的這種能力就會體現出來。你需要不斷調整它在你心裡存在的狀態，想像整個方法過程，直到你能夠隨心所欲地運用它。這樣你就會不斷地獲得智慧，會感受到精神給你的指引和宇宙的能量。

⑪我們無法知曉內在世界究竟是怎樣運轉的，它距離我們的意識非常遙遠，但它卻是客觀存在的。我們應該學會如何去了解和運用它，當我們懂得了內在的力量，我們就能駕馭自身的思想，找到本就該屬於我們的幸福。

⑫同理，我們的失敗也是如此。即使我們正確意識到精神的內在力量，但如果沒在關鍵時刻堅持住，仍然會失敗。規律的運行是無比精準，且難以改變的。如果我們腦子裡縈繞的都是消極、退縮、沮喪等情緒，那麼不幸就會到處蔓延，從而使這些消極的後果反作用於我們。如果我們對災難持恐懼態度，就會如同《聖經》裡的約伯那樣哭訴：「我所恐懼的已經到我身邊，我所懼怕的也向我的方向走來。」如果我們的心靈沒有愛與溫暖，那麼思想就會讓我們遭受同樣的後果。

⑬如果我們能好好開發、有效利用這種思想的力量，那我們就可以創造出想像不到的奇蹟，同時，憑藉這種力量，我們將充滿信心地面對所有的困難和挑戰。

⑭ 在一切思想意識中，潛意識扮演著極其重要的角色，它最大的影響在於創造，這種思想的結果叫做靈感。比如發明家突然想到某種東西的發明方法，作家突然在困頓中找到合適的表達，科學家突然解決了百思不得其解的問題……這一切都歸功於靈感。

⑮ 靈感是思想的藝術，佛洛伊德曾說，即便是在知性和藝術作品中，人們也許會傾向於過度高估意識特性。通過對某些多產的作家進行的研究發現，他們大多數創作的本源都是以靈感的形式出現的，而且會以基本成型的狀態浮現出來。

⑯ 我們應該明白這樣的事實，力量無處不在，它存在於人類的精神裡，也存在於客觀存在的物質中。明白了這些，我們就能汲取到思想的精華，它是不可再分割的，這樣我們就能在各個領域中了解到它的存在。

⑰ 首先我們要從精神上加以接受，繼而要在情感上加以珍視，它將使我們從無限的力量中獲取勇氣和信念。僅僅是理性上的接受起不了作用，在這個過程裡，情感同樣發揮著重要作用，沒有情感的珍視，它最終會從你的身邊溜走。理性與情感結合為一才是重要的。

⑱ 靈感來自於潛意識的積累。內心的靜默和反思是很重要的，首先，放鬆身體，

令身體處於放鬆狀態，當你擁有了寧靜和安穩的內心，便做好了接收一切的準備，而這些，是你樹立目標所必備的條件。

⑲靈感是一種突然迸發的力量，它並不是什麼神秘元素，不要把它和巫術混為一談。靈感是一種思想的藝術，它能為我們帶來無窮的創造力。我們的生活便是運用這種力量達到更高的高度，努力地超越自己。力量意味著征服，而我們全部的重心就在於如何運用它征服自我、超越自我，並在這個過程裡獲得更多的人生信念和力量。

⑳只要我們呼吸，我們便可以保持生命的延續，但我們卻需要保持內心的寧靜才能感受到生命的美好，因為精神世界掌握著我們對於外部世界的看法。如果不是精神世界給予我們感受，那我們就無法感受到世界的美好。

㉑在一生的努力中，只有自己的努力最有意義。有些人在你奮鬥的過程中給你指引，給你寶貴的幫助，但在這個過程裡，最重要的事情就是信仰宇宙中存在的偉大力量。你可以嘗試與宇宙對話，那麼你的精神就能獲得前所未有的寧靜。

㉒萬物均源於一種思想物質，這種思想物質彌漫、滲透、充斥著整個宇宙空間，這種物質能夠創造出與思想類似的實體。人們可以在思想中創造自己所需的精神形態，

並把這種思想傳達給無形的物質，你可以把其他宇宙的概念都忘記，唯一保留一元論，直到這種理念成為你思索宇宙的方式。

23 有人曾說：「我們無時無刻不在它的裡面生活，在它的裡面存在，在它的裡面運動。」這個「它」就是靈魂，就是愛。這種感情讓你的生命更加充實，這種狀態讓每種不可能變成現實，這種感情不斷地造就渴望，這種渴望讓我們想成為更好的人。

24 物質必然受制於宇宙和生命的法則，渴望生命更加充實更加精彩。你內在的精神期待生命更加與眾不同，於是你在人生的道路上就會有意識地追求卓越，追求不凡。

25 如果你認識到自己與宇宙精神之間的聯繫，那麼你就要力求與它和諧統一，讓自己的目標與萬物和諧，這樣大自然就會積極地呼應你的內心，給你真實的生命，而不僅是感官的滿足。當生命個體能恰到好處地表現各個感官的存在時，生命才能獲得豐富的內容，才算是真正的生命。

26 這種生命存在的氣息是一種超自然存在，這種存在就是「真我」的精華，也就是純粹的本質所在，或者說就是宇宙精神的所在。如果我們有意識地與它保持和諧統一，那麼它就能在我們的內心獲得創造性的能量。

27 我們應該有意識地與生命的氣息保持和諧統一，這樣我們就能獲得創造性的能量。思想就是一種具有創造性的能量，它是一種創造性的振動形式，其振動是不可見的，是在我們對於客觀物質的反應中表現出來的，而我們周邊環境的生成正是取決於我們的思想狀態，因為我們所釋放的改變環境的能量，正是我們所擁有的能力。因此，我們的行為和我們的「存在」是相吻合的，而我們的存在是由我們的思想所決定的。

28 思考是一種個體的行為，是有思想的人經常性的活動。當你在思考時，你就進入了一個因果循環的過程，因為你所創造的環境正與你的思想相吻合。你的思想如果充滿積極的因數，並且和宇宙的精神相一致，那麼你的思想就會引發好的結果；反之，如果你的思想充滿了破壞性的、消極性的因數，那麼你的思想就會引發惡性的結果。

29 這也是自由意志的危險之處，有些精神強大的人能夠通過超強的意志力，把自己的消極思想轉化為積極思想。意志力的作用是無窮的，但這並不意味著意志力可以改變一切。如果你想要通過個人的意志力，使宇宙的力量順應你某個狹隘的思想，通過這種手段你可能會獲得一時的成功，但終究會被歷史淘汰，因為你所秉持的是與整個宇宙精神背道而馳的精神理念。

精粹問答

30 迫使宇宙對我們妥協只是白日夢，為了達到自己的私利而歪曲自然的力量，結果只能是自取滅亡。只有遵循宇宙的運行規律，讓自己的思想與歷史前進的潮流相協調，才能達到我們的終極目標。

31 本章的練習是：利用你的意志力，進入到完全寂靜的狀態中。運用自己的意志力挑選與健康相關的思想，並且構建出這種概念，知道自己應該如何以健康的方式生存、表現、行動、做事，把自己與健康聯繫起來，直到你可以輕而易舉地想像出這一切，並且達到你所期盼的健康狀態。這是一種良性循環，當你不由自主地呈現出這種狀態時，你就會周身散發出健康氣息。哪怕疾病突然襲來，你也要保持樂觀，運用自己的意志力與疾病鬥爭，運用自己擁有的各種官能，通過控制自己的注意力來思考和生活，那麼健康才會常伴你左右。

❶ **力量源自何方？**

源自對規律的認知和運用。

❷ **意識是什麼？**

意識即認知。

❸ **力量是怎樣得到認知的？**

通過人類的思考行為。

❹ **人生中最重要的事是什麼？**

是進行正確的科學思考。

❺ **什麼才是正確的科學思考？**

按照自然和宇宙的法則調整我們的思維能力，即我們的思想狀態應與自然法則相協調。

❻ **什麼是宇宙精神？**

它是萬物存在的前提和要素。

7 我們為何會因惡劣、消極的情緒帶來不幸？

由於思想總是創造與它相同的境遇，有了不幸的想法，我們就會遭遇不幸。

8 靈感是什麼？

它是經驗積累到一定程度後突然爆發的一種頓悟狀態。

9 遭遇的境遇是由什麼決定的？

我們的思想性質決定著我們的境遇和行動。

20：00～21：00

第21堂課

敢於提出設想

大膽設想也就是創新，它指的是在思路的探索上、在思維的方式上和思維的結論上，能夠獨具見識，提出新的創見，實現新的突破。

在這一章中我們會學到：成功的秘訣之一就是敢於提出設想，並且學會如何擁有創新性思維。在講述中你會發現，我們的意識中經常出現一些想法，不管它是一閃而過還是長存在腦海中，都很有可能在我們的潛意識中留下印記，因此我們的潛意識就具備了一種儲蓄的力量，我們的創造性力量也正是來源於此。

如我們所知，宇宙循著自然法則前進，但凡有「果」存在的地方，勢必有「因」的存在，因此，只要是相同的「因」，在一般情況下必定會產生相同的「果」。如果你在同樣的情況下投入了相同的努力，那麼你的收穫也將是與之相等；同理，如果你想獲得更多，那你勢必要付出更多。

宇宙精神是一種永恆，也是一種絕對被人們信奉的法則，這種法則準確無誤，這與引力法則、電力法則是一樣的，了解這種法則將帶領人們走出迷信盲從的沼澤。

精彩繼續

1 力量的奧秘來源於對力量的認知。宇宙精神的存在是無條件的，是絕對的，因此，只要我們學會將自己的精神和宇宙的精神相統一，學會利用自己的內在力量改變外在的一切，學會從錯誤的局限和條件中解放出來，獲得自由的意志和思想，那麼我們就能通過個人力量改變我們想要改變的。

2 一旦了解了我們內在世界這種源源不斷的力量，我們很快就能從中挖掘到我們想要的，比如力量和勇氣。如果我們能合理地運用它，並創造出更多更好的機會，那麼不管遇到什麼，這種能量都會在客觀世界中顯現出來，釋放它的力量。

3 這是因為無限精神是一個不可分離的整體，它是萬物產生和繁衍的根源。它主宰著宇宙萬物的運行，一旦人們違背了它的運行規律，就會得到自然的懲罰；反之，如果人類意識到了宇宙的運行規律，並且能很好地利用它，處處與大自然和諧共處，那麼大自然便會回報給人類更多的福祉。

4 這個發現如同奇蹟一般，這就意味著精神的超凡性和力量的無限性，如果你能意識到這種能力，那麼你就可能成為智者，獲得非凡的力量和勇氣。而當你意識到這種超越時，你就越來越接近你想成為的自己。宇宙是一種巨大能量的集合體，它的能量足以抵擋你所遇見的一切，當個人精神與宇宙精神相碰觸，就會與其融合，迸發出能量。

5 每個人的一生都會遇到很多不完美，但不同的是面對這些遺憾的態度。有的人選擇遺忘，有的人選擇彌補，有的人選擇改變。這些態度的不同取決於人們的精神行為，而精神行為又取決於人們對力量的認知。因此在某種程度上說，我們有多大的可能意識到自己的理念與宇宙精神的統一，就有多大的可能去控制和把握我們的外部環境。

6 然而理念也有大小之分。大理念是卓越的，是不可違背的，是具有權威性的；小理念則是暫時的，是隨波逐流的，是不可信的。我們要學會避免不良思想的侵蝕，將思想與大理念融合統一，與此同時，我們的思想也會得到鍛鍊和昇華。

7 其實，成功的秘訣很簡單，有大智慧的人總是從大處著想，它的精神具有不可估量的創造力，而有小聰明的人總是從個人利益出發，將一己之私放在首位，那麼他的思維無論如何都是卑賤的。有大智慧的人面對再多困境總是能化難為易，並且能夠舉重若輕。

8 當我們認識到了精神的存在和運行規律，我們就會懂得如何與精神相處，如何開發我們潛在的精神能量，如何利用我們的精神使我們重獲勇氣與信念。在與意識相處的一段時間裡，我們就會更加了解，為何精神世界能夠作用於外在世界，如此，我們距離成功就會越來越近。

9 每個人都有各自的處境，這個處境不論是好是壞，都可以通過我們的內在精神來改變。如果你想獲得成功，那麼你就要將你的精神和思想填滿成功的信念；反之，如果你甘於墮落的生活，那麼你就可以不做任何改變。

10 每個人都具有獨特的精神體驗，這些體驗是在我們不斷成長的過程中漸漸累積起來的，它帶給我們的不僅有如陳釀般香醇的記憶，更重要的是還能對我們未來的決定進行指引。它同時也帶有一種精神傾向，這種傾向是我們未來成敗的根源，如果我們經歷的都是如何走出痛楚，那我們的未來就會更加明朗，如果我們經歷的總是消極的過去和陰霾的生活，那我們的未來也只能是灰暗的。

11 人生的際遇正是宇宙法則在我們身上的投影。我們的內在世界決定著外在世界的面貌，我們內在世界的力量是永無止境的，只要我們擁有創造性的思維。

⑫積極的思想或心態對我們來說如同一塊磁鐵，它總是把本質相似的境遇聚攏到我們身邊。

⑬這種內在世界也可以稱為是我們的人格，人格就是內在世界在我們的個性上投射出來的產物，內心世界的不同決定了每個人都有不同的人格。如果想要改變境遇，唯一要做的就是改變內心世界，如此，我們經歷的人和事也會隨之改變，那麼我們的命運也會有大的轉變，這就是命運的力量。

⑭改變內心世界並非易事，你的心態是與你的經歷共同成熟的。當你的頭腦可以有精神圖像時，你的精神狀態就形成了，並且一直在完善中。但如果你不喜歡目前的精神狀態，那你也可以消除其中的負面成分，而把積極的成分留下來，創造新的圖像，這就是意志力的作用，也是視覺化圖像的作用。

⑮當你達到了這一步，你就會散發出一種積極的力量，這種積極的力量會把一些有助於你發展的條件吸引到你身邊，這些條件就是與你理想中的圖景相一致的。如果把你的理想圖景印在你的心裡，並且在實踐它的過程中常常想像，那麼成功的意念就會越

發強烈，如此，成功自然會更容易變成現實。

16 成功需要很多因素，如勇氣、信念、才華、執著等，把這些積極的因素看作你的圖景的一部分，它們會給你力量和信心，在困頓處給你指引，它們是目標成功的條件，是力量的源泉。你的渴望、你的信念皆源於此，因此要學會利用這些積極的暗示，它們會把生命的力量注入到你的精神圖像裡，當力量蔓延成長，精神圖景清晰的時候，好的結果一定會出現。

17 不論你想做什麼，你都應該有明確的目標和方向，在這個過程裡，根據你的實力不斷調整你的目標和方向，並且努力達到最高境界。精神的力量是無窮的，只要你有堅強的意志，你就能把至高的追求轉化為行動力。

18 這種精神的作用，在一定程度上說是由你的習慣決定的。做某件事情時，如果不斷重複去做，事情就會變得越來越容易。如果你想要消除某個壞習慣也是一樣的道理，只要你有意避開它，直到某天不再習慣想起它，那麼它自然而然地就在你的生活中消失了。因此，當你遇到困難時千萬不要喪失信心，你要習慣給予自己積極的暗示，告訴自己「我可以」，讓精神的力量帶給你繼續前進的動力，那麼你的成功終將到來。

⑲做任何事情的時候你都應大膽地相信這條法則，相信你自己的決定！要記住，人的天性是能夠被理想改變的，只要把你的理想當作既成事實去想像它。

⑳人生中常充滿著鬥爭，最常見的就是理念的鬥爭，這是二元對立世界中不可避免的。理念，一方面是建設性、創造性的思想，另一方面卻是破壞性、守舊的思想，創造性的思想受到理想的支配，破壞性的思想受到表象世界的驅逐。這就是為什麼常有善惡兩方的較量，在邪惡的勢力面前常常有正義的力量阻擋。

㉑站在創造性思想的一方，代表人物就是那些在實驗室裡為了人類進步不斷探索，或者是在歷史的進程中為人類的福祉獻出生命的人；不幸的人則是蔑視進步、從不向前看，因為他們沉溺在過往中不可自拔，失去前進的信心。

㉒宇宙精神不會受到情緒的控制，也不會受到外力的左右。它是一種恆常的力量，它同樣也不接受人們的仰慕或貶斥，也不會因為任何理由而增加或者減少。因此，宇宙精神是一種客觀的存在，對於準備接受的人們來說是同等的，但每個人在領悟它的過程中卻是不一樣的，只有那些具有大智慧的人才能在宇宙的精神中參悟到自己想要的，並能在其中挖掘到自己需要的東西，只要內在與宇宙精神一致，那麼他就會獲得財

富、健康、力量的源泉。

23 本章的練習是：集中意念思考本章所講的道理。明白何謂真理，在真理中尋找勇氣和信念，在真理中尋找自由，如果你能正確運用這種科學的思想觀念和精神法則，那麼你就會發覺，在通往成功的路上沒有什麼事情可以成為你的阻礙，因為你正在用你內心的力量改善你的外部環境，如果你做得夠好，那麼距離你的終極目標就不遠了。當然，想要做到這些就必須在寂靜中領會這一切，因為寂靜能使你獲得最大限度的自由。運用寂靜的方法進入思想的深處，將自己的內心釋放出來，你的潛力就會被奇蹟般地喚醒。

精粹問答

1 力量的真正秘密在哪裡？

在於力量意識。只有我們具備了足夠的力量，我們才能獲得想要的一切。

❷ **力量來源於何處？**

來源於宇宙精神，萬事萬物皆由此而生，它是絕對的，是永恆不變的。

❸ **如何才能彰顯這種力量？**

主要是通過人類個體彰顯，每個人都是這種力量的載體。

❹ **我們作為人類個體怎樣與宇宙能量發生關聯？**

作為客觀存在的個體，我們的思考能力就是與宇宙能量交互作用的連結，我們的思考會投射到外部世界，在外部世界中表現出來。

❺ **我們的獨特發現將會帶來怎樣的結果？**

這種結果使人類向前邁進了一大步，使人們找到了與宇宙相通的方式。

❻ **如何改變不利於我們的境遇？**

通過我們內心思想的力量來改變。

❼ **大智大勇者最明顯的特徵之一是什麼？**

這些人具有大理念，一切都從大眾的利益出發，具有遠見卓識，遠離一切卑微與齷齪。

❽ **經驗是怎樣產生的？**

從我們平時的積累和搜集中得來的。

❾ **新體制與舊體制的區別主要在哪些方面？**

在於對宇宙精神的信念不同。

21：00～22：00

第22堂課

改造自己的內心世界

生命中最強的驅動力是什麼，是人們的內心世界。人們目前所處的狀況正是過去思維方式的結果，如果你常常懷著積極的態度和思想，那麼你的決定就會產生積極的結果，反之，如果你常常懷有消極的思想，那麼你的決定帶來的就是消極的結果。

一切生命都是循環往復的，正是由於這樣的活動，生命循環的每個環節都是不可少的，並且必須正常運行，才能夠保持生命體的存在。如果循環過程中有哪個環節出了問題，那麼生命體就不能正常運轉，就會出現各種疾病。這是我們不想看到的，因此我們要找出合適的方法阻止這種現象發生。

那麼，如果我們想要獲得健康，想要阻止病毒對我們的侵害，我們就必須增強個體生命的力量，只有通過消除意念中的恐懼、苦惱、嫉妒等消極思想，才能獲得健康。消極思想對人類身體的危害極大，因此我們要學會消除這些消極思想，做自己情緒的主人。

精彩繼續

❶ 知識不可以用金錢來衡量，我們對於知識的運用決定著我們的未來。當我們的性情、境遇和力量都處在積極狀態時，我們就能更好地領會知識的價值。

❷ 如果我們的健康狀況處在不理想的情況，那也許是我們的思維方式出了問題。我們在前面的課程裡已經學到，有思想便會在心靈世界刻下印記。而印記猶如一粒待萌發的種子，一旦找到了合適的土壤，就會突然迸發出茁壯的生命跡象，給我們的思想帶來巨大的變化，如果它是積極的，那我們就有可能在這個過程裡獲得豐厚的回報。

❸ 如果這些思想是消極的，那我們在這個過程裡獲得的可能就是絕望、憂慮和懦弱。因為，我們的意念裡有什麼，我們在創造什麼，我們就會收穫什麼。

❹ 如果你的健康不盡如人意，你需要在此基礎上做一些調整，也許視覺化的方法對你很有用。於頭腦中勾畫一幅你身強體健的精神圖景，並把它銘記在心，直到存在於潛意識中。通過這種方法，很多人在很短的時間內就恢復了以往的精神狀態，同時還會戰

勝各種小病痛，獲得更加積極的精神狀態。

5 精神通過振動的方式作用於身體。我們知道精神具有一種頻率，並且它也是以頻率的方式存在，因此，精神的一點振動都會改變身體的內環境，一個細胞影響一個細胞，逐漸擴散全身，最終改變人們的行為。

6 在大自然中，有形的和無形的所有事物都處在精神振動的變化中。思想也是精神振動的一種方式，因此我們能夠憑藉變更思想的振動方式，讓我們的思想達到最佳狀態。

7 我們時時都在運用這種能量，時時都在改變思想的振動頻率。正是因為大多數人都是在不知不覺的狀態下運用這種方法，所以才會出現令人不太滿意的結果。解決這些問題的關鍵在於找到一種正確力量來控制我們思想振動的頻率，從而獲得積極的結果。如果我們掌握足夠的智慧來運用它，那我們就能很好地掌控我們的精神和身體狀態。

8 我們可以很好地利用自身積累的經驗，把自身的經驗當作參照物。如果我們的思想充滿崇高、勇敢和正義，那我們的精神就會引發積極的振動方式；如果我們的思想充滿嫉妒、憤恨和破壞，那我們的精神就是混亂的，我們的行動所帶來的結果就是惡。不論是哪種振動形式，如果持續下去，前一種情況會帶來身心的愉悅和健康，後一種結果則導致疾病、混亂以及各種不和諧的因數。

❾ 通過前面的學習，我們知道精神可以控制身體。如果有人講了一個笑話，你覺得很好笑，那麼你面部的肌肉就會運動起來，除此之外，也許會伴隨著手舞足蹈，這就是精神力量對肌肉組織的控制。但這些經歷都不是純粹精神對身體的作用，因為這種作用只是暫時的，只能帶來短暫的變化，效果稍縱即逝，一切在有了反應之後又會恢復原來的樣子。

❿ 潛意識控制身體的作用是通過另一種方式，如果你遇到了意外傷害，那麼生命體的細胞就會開始工作起來，從事造血和消炎的工作，如果傷口不是很大，它們會在力所能及的範圍內幫你處理好傷口。在這個過程裡，你不會意識到究竟發生了什麼，你也沒有有意識地讓它們修復什麼，是你的潛意識讓這一切發生。

⓫ 如果你對這個過程不加干涉，那麼由潛意識主宰的這個過程必然是完美的。然而，由於在身體裡的這些修復損傷細胞個個都充滿智慧，並且隨時可以對你的思想做出反應，但如果你常有懷疑和憂慮的想法，那麼你的這些細胞就會陷入癱瘓狀態，而不聽

從你的指引。

⓬ 共振法則依託內在世界發揮作用。人的力量來源於人的內在世界，對於內在世界的注重是一種個人的努力和實踐，如果我們具有足夠的智慧，那我們就應該立刻行動起來，針對外部世界中出現的問題尋找解決方案。這就是我們之所以要完善內在世界的原因所在。

⓭ 答案就在內在世界中，如果能找到改變成因的方法，那我們所獲得的結果也會發生改變。

⓮ 你也許不知道，你體內的每個細胞都充滿智慧，它們會聽從你的思想行事，它們都是創造者，時時準備著創造出一個完美的自己，因此它們會按照你想要的方式創造出精確的精神圖景。

⓯ 對大腦來說，其構造方式與人的身體是一樣的，但大腦的工作機能和身體不一樣，大腦是受到精神狀態（即心態）的影響，所以如果一個人的主觀意識中充滿著不良的精神狀態，那麼他的主觀意識就會把這種消極的精神狀態傳輸給他的身體，那他就會產生不良的情緒，甚至可能會生病。

⑯由此我們便懂得了如何讓我們的身體狀況向我們所希望的方向改變，如何讓我們無限地與宇宙的精神保持和諧。

⑰精神的作用，也就是精神對於身體的控制，獲得了越來越多的認同。精神能夠對身體施加積極或者消極影響這一原理吸引了很多科學家的興趣，阿爾伯特．肖菲爾德博士就說：「精神療法在醫學中還沒有得到過多關注，心理學上也沒有從對人類有益的角度研究這種重要的能量，也鮮有提到身體的潛能。」

⑱我們知道，在日常生活中，很多醫生在臨床上也可以解決一些功能性的神經性疾病，但這裡要強調的是，他們所運用的方法也有經驗和直覺的功勞，而並不僅僅是從書本上學來的內容。

⑲現在，你會更樂於承認，一切源於精神，它形成、產生、創造了萬物，也是一切存在的基石和支撐。際遇由認知而生，行為由靈感而生；知識帶來成長，進步帶來卓越。最初總是精神上的，然後，才轉化為造化的無窮可能性。

⑳對強大宇宙力量的認知，必將讓越來越多人遠離疾病和苦痛。但有的人認為疾病和苦痛是上天強加給我們的，那麼醫護人員和紅十字會的人員豈不是成了與自然相悖的

力量了？那麼醫院和療養院也不再是帶給人們福祉的機構，而是成了反抗天意的地方。自然，這樣推理就會得出十分荒唐的結論，但如今仍有很多人持有這種結論。

21 本章的練習是：集中意念思考丁尼生的詩句：「我們向它訴說，它聽命於我們，心靈與靈魂不期而遇，原來它如手足般親近我們，與我們同吸共運。」嘗試去感悟，「向它訴說」便能獲得宇宙的力量。

精粹問答

1 如何在內心世界裡消除疾病？

使我們的精神與宇宙法則合而為一。

2 怎樣合而為一？

認識到人類的軀體是精神的寄託體。人的精神如果和宇宙保持一致，那麼它的力量將是無窮的。

❸ **結果會怎樣？**

你可以有意識地認識這種完美的精神，並使之呈現。

❹ **為什麼會產生這樣的情況？**

因為思想是屬於精神的領域，是具有創造性的，思想與客體相聯繫，並且使客體能夠在客觀世界中彰顯出來。

❺ **必須要遵從什麼法則？**

振動法則。

❻ **這一思想體系能獲得怎樣的結果？**

每個人的推理能力可以得到最大限度的提升，同時可以被驗證。

❼ **這一思想體系是否適用於一切形態的需求？**

是的，它適用於人類一切需求和渴望。

22:00~23:00

第23堂課

有捨才有得

成功的秘密在於付出，通常，我們付出多少就會得到多少回報。當你的思想充滿慷慨和善良，那麼它就會充滿旺盛的生命力，從而指引你走向成功。如果你能夠處處為他人著想，不計得失，那麼你的人格就是高尚的，你給予別人的越多，你得到的就越多。在這一章中將會學到：在我們生活的環境中，處處充滿著利益的交換。然而，如果你想要獲得成功，就必須合理地付出，讓你的利益最大化，只有這樣，才能以最少的成本取得最大的成效。

我們知道，思想是所有創造力的來源，一切建設性事業背後都離不開偉大思想的指引。因此，我們所能利用的、最具價值的東西，就是我們的思想！

創造性思想要求集中意念，就是所謂的專注力，如果我們能有效地利用它，那麼它能產生的力量將是無窮的。只有將精神集中到一點，才能施展我們的精神力量，精神力量是現有力量中最強大的。

這是一切科學之上的科學，毫無疑問，如果你持有積極的、充滿和諧的想法，那麼結果必然能讓你獲得很多有意義的東西。因果循環是宇宙的永恆旋律，在大自然中一切都是平衡的。有因必有果，否則失衡的狀況就會出現。如果你遵循了這一法則，你就會懂得如何付出，如何得到自己想要的成功了。

精彩繼續

1 金錢對有遠見的人來說是一種態度，它不僅代表著財富和地位，還代表著能力以及別人對你的成就的肯定。我們的渴望是具有吸引力的，能夠用我們的人格魅力吸引到我們想要的財富；恐懼是絆腳石，它不具備張揚的個性，只會讓財富和幸運離我們遠去。

2 金錢意識的另一面就是恐懼。恐懼會帶來窮困意識，這個規律不會改變，我們付出了什麼，得到的回報就是什麼。如果我們懷有恐懼的意識，那我們得到的就是我們所恐懼的東西。金錢作為一種物質，它會把自己滲透到整個外在生活環境中，只有偉大的心靈和優秀的思想才能吸引它、控制它。

3 有了朋友，我們成功的路上就會少一些阻礙。我們通過給予朋友幫助、支持和鼓勵，來加強彼此間的感情，如果我們做這些事是出於關心而不是出於利益的考慮，那我們的世界就會變得寬廣起來，我們的人格魅力也會影響到更多人。因此，成功最重要的因素就是熱情誠懇地對待他人。

4 我們應當將自己打造成具有吸引力的磁石，我們首先要做的是為眾人謀福利。如果你具備足夠的遠見卓識，能夠抓住每次發展的機會，並且能利用各種有效的條件認識到自己的價值，最終證明你的價值，那麼你就是成功的，但最終起決定作用的還是他人對你的幫助。因此，善於利用群眾力量的人才能獲得最後的成功。

5 我們應該認識到，精神是一切力量的源泉，我們需要隨著時代的進步不斷調整思想，讓自己的思想與時俱進，讓意識與精神的供應保持一致，那我們的思想就能為我們帶來想要的一切。我們很容易看到，一個人得到了很多，那麼他一定付出了很多。不論你多麼渺小，都可以拿出你擁有的東西給予他人，幫助他人。拿出的越多，得到的就越多，而一旦得到了更多，就有能力給予更多。

6 金融家們的成功在於，他沒有將自己的資本像一個吝嗇鬼一樣獨自佔有，而是利用自己的智慧讓資本得到有效的運轉，這種獲得不僅為他自己帶來物質的豐收，同時也為很多人帶去了利益。他的成功會影響到他身邊的人，這樣就會有更多的人為更多的人謀取利益。很明顯，這是一個良性循環，比如，摩根、洛克菲勒、卡內基，等等，這些人的成就不在於為自己贏得什麼，而是為大多數人帶去了他們想要的。正因為他們處處為別人著想，所以才能在成功的巔峰傲視一切。

7 大多數人並不懂得如何運用意念的力量，他們人云亦云，沒有自己的智慧，沒有自己的看法，這就導致了他們總是被統治和馴服，這樣的人是沒有希望的。他們只會臣服於他人，這就是為什麼總是少數人成功，多數人平庸，因為多數人都不喜歡深入思考，因此只能做一個按照別人指令行事的木偶。

8 意念集中的力量也被稱為專注力，這種力量由我們的思想控制，如果我們的思想能做到只專注一件事，那麼它就是強大的；反之，如果我們的思想不能專注，容易受到其他因素的干擾，那麼它就是軟弱的。這就需要我們用一些方法增強意志力。我們的思想無法脫離悲傷、困苦等情緒，那麼這樣的消極思想必然帶給我們更多的憂慮和不安，以至於我們無法將自己的意念集中。如果我們想要獲得成功，就會自然而然地關注這些事情的結果，這樣就會帶來更多的信念和勇氣。

9 這一原理如何運用到商業活動中呢？我的助手做過很好的講解：「不管我們的精神存在狀態是有形的還是無形的，我們都要重視它的作用，把它看作是意識的昇華，是心靈的實質和思想的根基。因為我們的一切想法都是通過思維活動得來的，只有重視精神作用我們才能找到終極的目標或者理想。

10 認識到這些你就會明白，一個務實者所能做的就是對精神進行實實在在的領悟，在這個過程裡，他會使出渾身解數去領悟和追求精神存在和運轉的法則。這些人才是真正的智者，他們明白只要掌握了精神運轉的原理，就找到了通往成功的捷徑。

11 下面講一個具體而真實的事例。我認識一個芝加哥的朋友，他是一個絕對的唯物主義者，在他的生活裡有很多成功之處，但也有一些失敗。我們最近一次交談時他正處於低谷時期，他的狀態看起來沒有以前那麼好了，他自己也說自己的想法和思路沒有以前來得那麼敏捷了。

⑫他的意思大概是：「我知道成功的路上最『要緊』的是要有想法，可是我現在已經毫無辦法了。但是按照你說的每個人都可以與無限的宇宙精神融合，那麼在通往成功的路上，一定同樣存在著具有創造性的想法，對於像我這樣既有勇氣和信念，知識積累又豐富的人來說，一定能夠獲得神奇的理念，運用於商界。一切看起來都不錯，我需要走進內心認真研究一下。」

⑬過了很久，我在和另一個朋友聊天時突然想起了他，就問：「咱們的那個朋友最近怎麼樣了？他現在在忙什麼呢？」我得到這樣的回答：「你難道沒聽說他現在的事業越做越大嗎？他現在創立了自己的公司，且公司的規模很大。但是他只用一年半的時間就做到了。」他的情況確實是這樣的，多麼令人不可思議啊！

⑭你是怎麼看待這件事情的？對我來說，這說明人的思想確實可以與無限的精神接軌，只要你領悟到它的存在，並且能合理地利用它，讓它按照你的意願為你效勞，那麼你就握住了通往成功的金鑰匙。

15 我們所要體會和領悟的是「無限」的意義，意識到「無限存在的力量」，認識到「意志的精髓」，從而將這些化作精神的動力，給予正在成功路上的我們以正確的指引。這個人的成功就是憑藉了精神的力量，即是這種精神力量的體現。在這裡我要強調的是，因為他的思想是和諧的，是和宇宙精神相對應的，那麼他的成功才體現出了這種力量的所在。我們每個人都可以如此，都可以按照自己理解宇宙精神的方式為自己的成功提供動力源泉。

16 他不僅自己領悟到了無限精神的力量，還很好地把這種力量付諸行動，很顯然，這是他成功的必然因素。在這個過程裡，他運用自己的思想創造力，根據客觀條件為自己的成功建造了一個理想的模式，然後在實行的過程中不斷變化、填補，在細節上追求完美，於是這個理想的輪廓便成為了現實。不僅在他的身上，其實在很多成功人士的身上，我們也能看到這種思想創造力。

17 也許你不相信，這種精神力量的運用有助於我們在現實世界中有所作為。但你應該明白，在這個過程裡，只要有一點與宇宙精神相悖的地方，那麼你預想的結果就不會發生。宇宙精神並不是隨便能獲得的。

18 「精神存在」是一種真實而完整的狀態，而物質是一種可塑的材料，利用精神可以塑造物質，使它們為自己所用，因此，精神存在是一切改變的原動力。

19 本章的練習是：集中意念於這個問題：人是客觀存在的，它不單只是進行低級的感官行為，還能夠通過精神的力量進行理性的思考。只有精神能夠指引你，明確你想要什麼、追求什麼，你才能擁有新的計畫和目標。金錢的真正意義在於它可以成為間接幫助別人的手段，在這一思想的指引下，我們就會正確看待我們手中的金錢，合理地利用它。

精粹問答

1 對成功者來說最重要的法則是什麼？

服務於眾人，對他人有益。

2 怎樣才能獲得最大程度上的成功？

要不計得失地付出。

3 金融家為何能取得比較大的成功？

因為他們所做的一切並不都是出於自己的利益考量。

4 為什麼是少數人成功，多數人平庸？

因為大多數人都沒有思想，只會人云亦云。

5 如果思想裡充滿悲觀失望等消極情緒，將會產生怎樣的結果？

招致更多的厄運和不幸。

6 如果思想裡充滿自信、樂觀，又會產生怎樣的結果？

獲得更大的成就和更輝煌的成功。

7 這一法則同樣適用於商務嗎？

是的，因為商業世界也是客觀存在的現實世界。

8 這一法則最主要的功效是什麼？

改變我們的思維方式，重生自我。

23：00～24：00

第24堂課

告訴自己，我可以！

你唯一能夠依靠的就是你自己！在通往成功的道路上，你最需要做的就是告訴自己，我可以！那麼你的夢想就會實現。為了實現你的目標和夢想，你要發掘內心的巨大力量，要認識上天賜予你的財富，並把它們運用到最需要的地方。如果你學會了如何運用內在力量，那麼成功就會向你招手。

如果你每天按照我所說的方法進行練習，那你就能明白心中真正想要的是什麼。找到了方向後，你就會發覺每一天都充滿意義。倘若你這樣做了，那麼你就非常有可能同意這樣的話：「思想是最強大的力量，它如此廣大、如此豐富、如此權威和赤誠。」

這就是自己內心的力量，幸運的是有很多人知道如何利用這內在力量達到自己的目標。正是這種精神力量，使我們的心靈得到更多的自由，這種精神不僅把我們從疾病、痛苦和憂慮中解脫出來，還幫助我們從自身的局限和匱乏中解脫出來。這就是自我認識的重要性，通過這種活動，我們可以利用各種存在的科學來發掘內心的潛力，比如哲學，你可以經常聆聽大師們的思想，比如柏拉圖和愛默生，他們的思想是經過歷史沉澱下來的精華，用這樣的思想來武裝自己，便能獲得更多的智慧。

我相信，如果你能按照這樣的方法去做，努力認識自己，挖掘內心的潛力，那麼你成功的夢想將不再遙遠。

精彩繼續

1 當科學家揭開了太陽系的奧秘，人們知道了地球是圍繞太陽轉而不是太陽圍繞地球轉的時候，所有人都倉皇失措、驚訝不已。在這種思想沒得到科學證明之前，所有人都認為太陽是圍繞地球轉的，人們往往相信眼睛所看到的一切，因為沒有什麼比太陽從天空中顯現出來更令人確信的了，誰都可以看到，太陽東升西落。學者和權威們都曾經反對和鄙夷新思想，但事實最終戰勝了一切。

❷ 形而上學的理論體系包括：了解自身和宇宙的真理，那樣你就能更清楚地知道，只有思想和諧才能產生生命和諧；只有當精神與宇宙的運轉規律相一致的時候，你的生命才能綻放光彩。

❸ 一旦你的思想充滿著疾病、痛苦、匱乏和局限，你就不可避免地會陷入一個不可逆轉的困境，但是當你的思想充滿樂觀、陽光、積極的時候，你就會發覺外在的環境都在向著有利於你的方向發展，那麼你就能充分理解這句話的含義：真理使你得以自由。於是你將會看到所有的阻礙都自動消失，為你的前進讓出坦途。

❹ 如果你能了解這些事實，你就可以運用這些積累的素材進行思考了。真理有個很重要的準則，如果你能合理利用，那麼它就會自己彰顯出來。

❺ 用精神療法治療疾病的人都明白這個道理，並且知道如何將這個理論運用到實踐當中。他們知道如何利用精神力量幫助人們獲得健康和快樂，而那些被疾病和匱乏所纏繞的人就沒有很好地領悟這一原則。

6 一切客觀存在都是思想的產物，因此這些也都在精神的範圍之內。疾病和匱乏不是一種良好的精神狀態，它只會帶來沮喪和憂慮，讓人們喪失奮鬥的力量，在這種狀態下，人們不能感知真理的存在。

7 消除這些消極狀態的方法就是沉入寧靜的內心，找尋真理。一切的精神都是統一的，如果你能學會為你的理想構建準確的圖景，那你就能找到通往目標的捷徑。如果你不能做到這一點，你就應該檢視自己的內心，借此來明確自己的計畫和目標，並力求將其實現。

8 請記住，不論你遇到什麼，不管前方有多少困難，你都要堅信自己的信念，相信自己並且告訴自己：「我可以！」

9 這是通常說的「通過內心的暗示來提升自己的行動力」的方法，經常對自己做這種暗示，你就能給困境中的自己力量和信心，如果你能自如地運用這種方法，你就是無比強大的。

10 你可以通過各種方法集中你的意念，比如構建精神圖景，自我內心的論辯以及積極的自我暗示等，通過這些途徑你就能獲得真理。

⑪如果你想要幫助別人走出困境，戰勝局限、貧乏，那麼你應該從他們的思想上著手，而不是幫助他們去做，你可以告訴他們如何進行內心的論辯，如何進行積極的自我暗示，讓精神力量充分發揮出來，這樣就夠了。然後也要把你自己心中的軟弱和困難等想法驅逐出去，讓你的精神同樣提升到一個較高的境界。如果你能做到這些，那你所希望的結果就能實現，你所要幫助的那個人就會獲得自由。

⑫但是要知道，思想是具有創造性的，當你的思想專注於並不利於你的情景時，你一定要明白，這些困境都是暫時的，它們並非永恆存在，因為它們是不穩定的，是充滿變數的，只有精神才是永恆而完美的。

⑬思想是以能量的形態存在，它同樣也有振動頻率，但準確而科學的思想是振動的最佳頻率，它可以消除一切謬誤，給人們正確指引，幫助人們驅逐黑暗，找到光明。任何謬誤在真理出現時都會自動瓦解，因此，你全部的重點就應該放在對真理的領會上，如果你能領會到真理的本質，那麼你就能從困境中得到解脫。

⑭我們的世界分為外部世界和內在世界，外部世界是相對的，內在世界是絕對的，只有在內部世界中才能找到真理的實質。

15 將你對於真理的認識應用到實踐當中去，把抽象的真理化為具象的表達，這對於你來說也是一種巨大的提高。

16 真正的「自我」是一種內心精神的存在，它沒有疾病，也沒有匱乏，如果你能了解到它的妙處，它便能給你足夠的勇氣和智慧。天才的智慧並非來自於腦細胞的發達，而是由具有特色的「自我」所激發出來的，這種智慧對人類的影響是深遠的，它會影響到一代甚至是幾代人，甚至還會改變歷史的方向。它們在歷史的長河中是燃燒的火炬，照亮了處在陰霾中的人們的未知旅程。

17 獲得真理的過程是開發意識的過程，它不是靠邏輯的訓練得來的，也不能靠觀察或者試驗來完成。凱撒的真理就是維持他的統治，這體現在他的行為和觀念中，也體現在他對於社會的進步和變革中。而你對真理的態度也體現在你的思想中，而這取決於你對真理的認知程度，真理不是在你的信仰中得以體現，而是在你的行動中得以體現。

18 真理也同樣體現在一個人的性格當中，性格對一個人來說，是他本人對自己所堅信的東西的一種詮釋，也就是他所秉持的信條，比如是非觀、人生觀、價值觀，等等。如果一個人的生活中總是充滿抱怨，那麼他就是對自己說謊，是對自己人生最大程度的不負責，因為他否定真理的存在，並且不懂得如何去尋找。很明顯，這種消極的人生態度是不值得效仿的。

⑲我們的生活中有數不清的境遇，在這些境況出現之前，它已經存在於我們的人格當中了，這種人格具有一種巨大的吸引力，它能把符合我們精神和性情的東西吸引過來，為我們的成功奠定基礎。如此我們便知：現在是由過去創造的，未來是由現在創造的。如果我們的生活中不可避免地遇到不公的處境或者落魄的階段，我們應該首先反觀自己的內心，看看究竟是怎樣的精神狀態導致了這一切。

⑳真理能讓你得到自由，如果你能認識到真理的本質，那你就能戰勝一切逆境。

㉑外在世界的遭遇永遠是內心世界的反應，因此要讓你的心靈充滿陽光、積極和樂觀，這樣你才能擁有完美的內心，這樣你在遇到不順心的境遇時才能坦然應對，這是經過科學驗證的。

㉒如果你的思想中充滿抱怨、憤恨、不滿和頹廢等負面因素，那麼這些不利的狀況就會在你的生命中發生。但如果你有意識地提升你的內心境界，去尋找精神上的真實自我，那你就能獲得近乎完美的自我，相應的，你就能獲得有利於你發展的外部環境。

23 思想是一種具有創造性的力量，而真理是最權威最完備的思想。因此，正確的思考能帶來正確的行動；當真理到來時，也就是謬誤被消滅的時候，這一點是毋庸置疑的。

24 宇宙精神是多種精神的合體，精神就是智慧，就是心智，它們在概念上是等同的。

25 認識到這一點，你就能充分運用精神力量解決你遇到的一切。因為精神不是個體的存在，它是無處不在的，它是宇宙萬物存在的一種形式，宇宙中沒有一處是不受精神影響的。

26 精神的存在通過思考表現出來。因為人的思想是具有創造性的，因此人的精神也擁有無限創造的可能，這種創造是一種人格的創造，是人格與生俱來的魅力，這種魅力能為你帶來有利於你發展的境遇，而你的創造能力和思考能力是控制這些境遇發展的決定性因素。

27 當你認識、理解並懂得這個道理之後，你就擁有了一把改變命運的鑰匙。但你要知道，只有能運用精神力量的人才能隨心所欲地從這座精神寶庫中提取他們所需要的東西，並且分享其中的一切。因為他們有足夠的智慧和能力去領悟真理，有足夠開闊的胸襟去容納真理，有足夠堅定的意志去發掘真理，有足夠的知識去證明自己的判斷，也有足夠的力量為真理做出犧牲。

㉘ 本章的練習是：冥想我們存在的這個世界是一個真實而客觀的世界，你在這個世界中是一種神奇的存在。在現實生活中，許多人開始明白真理的重要性，並且正努力去認知真理的本質。他們跨越了盲目的河流，抵達了明辨是非的彼岸，並且知曉了他們之前所信仰的一切皆為浮雲。財富可以傳給後代，但是智慧卻不能。富人可以買到書本，但卻買不到修養。因此我們要努力提升自我的修養和境界，這樣就能在精神上更加強大。

精粹問答

❶ 形而上學的理論體系基於什麼原則？

基於對世界和「真理」的認知。

2 什麼才是有關「自我」的「真理」？

是對於自我精神體系的認知，你在多大程度上認識到自己的精神，你就有多大成功的可能。

3 杜絕謬誤的方法是什麼？

不斷尋找真理。只有真理能夠戰勝謬誤，真理顯現，謬誤自然會消失。

4 我們能否幫助其他人做到這些？

可以。我們可以幫助別人提升他們的精神境界，告訴他們如何能獲得整體的精神認知。

5 宇宙精神是什麼？

宇宙精神是萬物存在的方式，只有它能主宰萬物的生長規律。

6 宇宙精神存在於哪裡？

它無處不在，既存在於外部的客觀世界，也存在於我們的內心世界。我們的靈魂在一定程度上就是宇宙精神的體現。

❼ 宇宙精神的本質是什麼？

它的本質在於它的創造性。如果我們能利用它的創造性，就能控制我們的境遇。

❽ 我們個體的思想如何作用於宇宙精神？

通過思考的方式我們能夠對宇宙精神進行感知，外部世界會隨著我們的思考能力改變，它也是我們自身能力的一種彰顯。

❾ 思考的行為意味著什麼？

思考的方式有很多種，思考的狀態也有很多種，我們可以清晰、堅定、審慎、冷靜地進行思考，這也就意味著我們必須執著於我們的目標。

智慧系列A16

掌握成功最神奇的24堂課

The Master Key System

金塊文化

作　　者：查爾斯·哈奈爾（Charles F. Haanel）
譯　　者：成星瑤
發 行 人：王志強
總 編 輯：余素珠
美術編輯：JOHN平面設計工作室

出 版 社：金塊文化事業有限公司
地　　址：新北市新莊區立信三街35巷2號12樓
電　　話：02-2276-8940
傳　　真：02-2276-3425
E-mail：nuggetsculture@yahoo.com.tw

匯款銀行：上海商業儲蓄銀行 新莊分行（總行代號◎011）
戶　　名：金塊文化事業有限公司

總 經 銷：創智文化有限公司
電　　話：02-22683489
印　　刷：大亞彩色印刷
初版一刷：2023年6月
定　　價：新台幣320元

ISBN：978-626-96257-8-9（平裝）
如有缺頁或破損，請寄回更換

團體訂購另有優待，請電洽或傳真

國家圖書館出版品預行編目資料

掌握成功最神奇的24堂課 / 查爾斯 哈奈爾(Charles F. Hannel)著；
成星瑤譯. -- 初版. -- 新北市：金塊文化事業有限公司, 2023.06
256面；14.8 x 21公分. -- (智慧系列；A16)
譯自：The master key system
ISBN 978-626-96257-8-9(平裝)
1.CST：成功法 2.CST：自我實現 3.CST：思考
177.2　　112007828